RAFAEL STANZIONA DE MORAES

POR QUE CONFESSAR-SE

7ª edição

QUADRANTE

São Paulo

2023

Copyright © 2004 Quadrante Editora

Capa
Provazi Design

Dados Internacionais de Catalogação na Publicação (CIP)

Moraes, Rafael Stanziona de
  Por que confessar-se / Rafael Stanziona de Moraes — 7ª ed. —
São Paulo : Quadrante, 2023.

  ISBN: 978-85-7465-497-3

  1. Confissão 2. Deus — Misericórdia 3. Pecado 4. Penitência (Sacramento) I. Título

CDD-234.166

Índice para catálogo sistemático:
1. Confissão : Sacramento da penitência :
Doutrina cristã 234.166

Todos os direitos reservados a
QUADRANTE EDITORA
Rua Bernardo da Veiga, 47 - Tel.: 3873-2270
CEP 01252-020 - São Paulo - SP
www.quadrante.com.br / atendimento@quadrante.com.br

SUMÁRIO

O PECADO 5

A MISERICÓRDIA DE DEUS................... 31

O INSTRUMENTO
DA MISERICÓRDIA DE DEUS................. 41

OS EFEITOS DA CONFISSÃO 65

ALGUNS OBSTÁCULOS........................... 75

NA PRÁTICA: COMO CONFESSAR-SE.... 85

APÊNDICE 117

NOTAS 125

O PECADO

A raiz de todos os males

Alguma coisa não está bem. Quantas vezes não tivemos essa nítida impressão, ao refletirmos um pouco? Alguma coisa não está bem nas leis que regem este mundo, na família, no trabalho, na minha vida. Se não fosse assim, estaríamos mais contentes. Mas... que coisa é essa que não vai bem?

Consciente ou inconscientemente, temos dado diversas respostas a essa pergunta. «O meu problema é o emprego... Se eu ganhasse mais!...»; ou então, «as injustiças de que sou vítima», «a falta de saúde», «a falta de perspectivas», «o temperamento difícil dos que convivem comigo», etc. E provavelmente teremos razão, mas, embora as dificuldades dessa ordem sejam objetivas e realmente exijam uma solução, não se encontra nelas a raiz do mal. «A raiz do mal, dizia o

Papa na Quaresma de 1979, está no interior do homem. Por isso, o remédio parte também do coração... É até aqui que o Senhor nos quer conduzir; para dentro de nós»[1].

O que realmente nos prejudica são as ações egoístas, mesquinhas, que nascem do coração. *Porque do coração provêm os maus pensamentos, os homicídios, os adultérios, as fornicações, os roubos, os falsos testemunhos, as blasfêmias. É isto o que torna impuro o homem* (Mt 15, 19-20) e estorva a felicidade. Por que acusar então os inimigos de fora?

Eis o problema: os meus pecados pessoais. A mentira que faz perder a dignidade; a inveja que encolhe o coração; o egoísmo que alimenta a solidão e gela a alma; a preguiça que semeia monotonia e tédio no âmbito de uma vida medíocre; a hipocrisia que nos obriga a estar sempre representando, tensos; o orgulho que leva à revolta e aos ressentimentos, ou ao desânimo[*].

(*) Até o mal físico e a doença são, em certa medida, consequência do pecado. Johannes Torelló, psiquiatra vienense, não hesita em afirmar que

Este é o verdadeiro inimigo. E não apenas para a vida particular, pois os grandes males da sociedade não passam de uma projeção ampliada dos conflitos íntimos que se travam no coração humano. Portanto, «poder-se-á mudar a estrutura política ou o sistema social, mas, sem mudança no coração e na consciência, a ordem social justa e estável não será alcançada»[2]. Essa é a razão do conselho de João Paulo II: «Queridíssimos, tende a valentia do arrependimento»[3].

«o pecado é o agente patogênico mais nocivo que existe, aquele que possui maior raio de ação». Lembra a importância decisiva dos «fatores psíquicos» na gênese de duas doenças características da nossa época: a úlcera gástrica e a hipertensão *essencial*. Põe em evidência o substrato moral de muitas doenças orgânicas, evocando o testemunho da mais recente medicina psicossomática. E conclui sugerindo que «se suprimíssemos todas as consequências patológicas da imprudência, da preguiça, do sentido exagerado da honra, da idolatria do dinheiro, da ambição de poder, do espírito de vingança, da fraude nos negócios, do desespero, quase não ficaria campo para o sofrimento físico» (J. B. Torelló, *Psicanálise ou confissão?*, Ed. Aster, Lisboa, 1967, págs. 38-39).

A *perda do sentido do pecado*

Mas como havemos de arrepender-nos se não nos sentimos pecadores? A Sagrada Escritura adverte-nos com estas palavras: *Se dizemos que não temos pecado, enganamo-nos a nós mesmos, e a verdade não está em nós* (1 Jo 1, 8). Mas o fato é que não nos sentimos pecadores. Sim, percebemos que há algo de errado nas nossas vidas, estamos até dispostos a reconhecer determinadas falhas e desvios no nosso comportamento, mas não aceitamos que haja culpa pessoal na origem desses erros: não nos sentimos em dívida para com Deus.

Estranhamos que os santos sempre se considerassem grandes pecadores. Parece-nos absurdo, por exemplo, que São Paulo, o campeão dos Apóstolos, se considerasse *um aborto...*, *indigno de ser chamado apóstolo* (1 Cor 15, 8-9). Não entendemos por que o Cura d'Ars teria passado a maior parte dos seus fecundíssimos quarenta anos de sacerdócio com uma preocupação por vezes obsessiva de encontrar tempo suficiente para fazer penitência pelos próprios pecados.

Pensamos que a humildade levava Teresa de Ávila a distorcer a realidade quando falava da sua «vida ruim»[4].

Certamente esses santos teriam razão. Era mesmo a sua humildade que os fazia sentir-se pecadores, mas acontece que o humilde é o mais realista dos homens; se eles se consideravam indignos, era porque realmente deviam sê-lo. Indignos diante de Deus, embora incomparavelmente melhores que nós. Deviam ser pecadores — pecadores que amavam a Jesus Cristo, mas, de qualquer modo, pecadores. O raciocínio é exato, e nos damos conta disso, mas não deixa de causar-nos estranheza.

Não nos sentimos pecadores, pois, por falta de reflexão. O ritmo de vida cada vez mais acelerado não nos tem deixado tempo (será mesmo verdade?) ou ânimo para ponderar as coisas serenamente. Mas, por outro lado, não nos sentimos pecadores porque a nossa época está perdendo o sentido do pecado. Este é o ponto.

Recentemente, fazendo-se eco dos seus predecessores, o Papa dizia aos pastores da Igreja: «Não tenhais medo de chamar os homens de hoje às suas responsabilidades morais! Entre tantos males que afligem o mundo contemporâneo, o mais preocupante é constituído por um tremendo enfraquecimento do sentido do mal»[5].

Trata-se de um fenômeno muito amplo. Há uma perda da dimensão moral da existência. Em alguns setores da humanidade, desapareceu quase por completo a consciência moral. Não é difícil encontrar pessoas para quem parece já não ter sentido a distinção entre o bem e o mal. Sabem qualificar os seus atos do ponto de vista de uma suposta «autenticidade» ou de acordo com um critério utilitarista. São capazes de aquilatar a sua adequação aos costumes vigentes, mas teriam dificuldade em ajuizá-los moralmente.

Não podia deixar de ser assim, pois se o fundamento da ordem moral é a relação com Deus, era inevitável o colapso da moralidade numa civilização marcada pelo anseio de autonomia absoluta e pela tentativa de fazer do homem «o ser supremo para o homem».

A perda do sentido do pecado está, pois, associada ao abandono de Deus, «é uma forma ou fruto da negação de Deus»[6]. Como pode ter consciência de pecado quem vive sem nenhuma referência ao transcendental, «como se Deus não existisse», «banindo-o do próprio cotidiano»? Nesta atitude tão generalizada está o grande pecado dos nossos dias, que nos cega para todos os outros.

Seria preciso recuperar o sentido do pecado, começando por afastar as falsas noções de pecado que se desenvolvem quando a consciência moral está enfraquecida. «Banida a verdadeira culpabilidade das consciências contemporâneas, uma "falsa culpabilidade" as atormenta. [...] A angústia, o sentimento de culpa, o sentido de corresponsabilidade universal de natureza quase inconsciente, privados de elementos racionais, enchem hoje em dia não só as clínicas psiquiátricas, mas também as páginas da literatura contemporânea, a partir de Kafka. O homem moderno, mal orientado tanto ética como religiosamente, recai muitas vezes na confusão mágica. Prescindindo das suas intenções íntimas, atribui-se culpas só porque se sente infeliz ou falhado, ou porque infringiu qualquer lei ou técnica cuja observância considerava — com razão ou sem ela — necessária para o seu bem-estar. Daqui a origem de tantas angústias dos nossos dias, de tantos "complexos de culpa" verdadeiramente patológicos»[7].

Surge então a tendência a confundir o pecado com esse sentimento mórbido de culpa, chegando-se a uma primeira noção errônea de pecado muito difundida atualmente. A palavra «pecado» seria no fundo «expressão vazia, atrás da qual não se há de ver senão mecanismos psicológicos desviadores, que devem ser conduzidos à normalidade mediante um oportuno tratamento terapêutico»[8].

Na verdade, esse «complexo de culpa» nada tem que ver com o sentimento de culpa que nasce de uma ação pecaminosa. Será possível equiparar as angústias de um traumatizado aos remorsos de uma pessoa equilibrada que agiu mal? Evidentemente, não são da mesma espécie os sentimentos doentios do sobrevivente de uma catástrofe, que se recrimina por não ter morrido com os seus familiares, e o arrependimento de uma mãe que deliberadamente tenha praticado um aborto.

Seria, pois, totalmente equivocado pensar que, em geral, quando temos um sentimento de culpa, isso se deve a um «mecanismo psicológico desviador». Nas pessoas equilibradas, normais, esse sentimento quase sempre se deve a que efetivamente agiram mal e são culpáveis; é a censura de uma consciência reta diante do erro praticado. Para eliminá-lo, de nada serve a terapia; é preciso eliminar a culpa que lhe deu origem, pedindo perdão a Deus, tratando de retificar o próprio comportamento e de reparar pelos danos causados. Tentar acalmar de outro modo o sentimento de culpa conduz antes de tudo a uma deformação da consciência, que passa a comportar-se como uma bússola viciada: já não aponta o norte verdadeiro por ter sido aproximada de um ímã desviador. Além disso, qualquer tentativa nesse sentido é inútil, porque só superficialmente é possível calar a voz da consciência.

Em suma, o pecado é a ação culpável, e os remorsos a sua consequência. As duas coisas distinguem-se entre si e ambas são totalmente diferentes do «complexo de culpa».

O enfraquecimento da consciência moral leva ainda a uma outra noção errônea de pecado bastante difundida que consiste em reduzi-lo «à injustiça social, fruto das degenerações opressivas do "sistema" e, por conseguinte, imputável àqueles que contribuem para a sua conservação»[9].

Reduz-se o pecado às suas consequências, identificando-o tendenciosamente com as injustiças que dele se originam, para que cada indivíduo possa aparecer como vítima de um pecado estrutural pelo qual ninguém seria responsável.

Os que defendem essas ideias esquecem-se de que, por um lado, «no fundo de cada situação de pecado há sempre pessoas pecadoras». O assim chamado «pecado social» é o fruto, a acumulação e a concentração de muitos pecados pessoais. «Trata-se dos pecados pessoalíssimos de quem gera ou favorece a iniquidade ou dela desfruta; de quem, podendo fazer alguma coisa para evitar, ou eliminar, ou pelo menos limitar certos males sociais, deixa de fazê-lo por preguiça, por medo e temerosa conivência, por cumplicidade disfarçada ou por indiferença; de quem procura escusas na pretensa impossibilidade de mudar o mundo; e ainda de quem pretende esquivar-se ao cansaço e ao sacrifício, aduzindo razões especiosas de ordem superior»[10].

Não há dúvida de que «o homem pode ser condicionado, pressionado, impelido por numerosos e poderosos fatores externos, como também pode estar sujeito a tendências, taras e hábitos relacionados com a sua condição pessoal», que atenuam em maior ou menor grau a sua liberdade e, consequentemente, a sua responsabilidade e culpabilidade. «No entanto, é uma verdade de fé, também confirmada pela nossa experiência e pela nossa razão, que a pessoa humana é livre. E não se pode ignorar esta verdade, para descarregar em realidades externas — as estruturas, os sistemas, os outros — o pecado de cada um»[11].

Desordem que tira sentido à vida

Para chegar à verdadeira noção de pecado, é preciso recordar que nós não somos eternos. Um dia nascemos e um dia vamos morrer. Além disso, a realidade à nossa volta é o que é independentemente de nós. Não fomos nós que determinamos as leis do Universo, não escolhemos a terra em que nascemos, nem os pais que nos geraram; não nos foi dado sequer determinar as características básicas do nosso ser individual. Numa palavra, somos criaturas; temos a vida recebida de Deus. Por isso, para Ele devemos voltar-nos se quisermos saber a razão de ser da nossa existência.

Deus criou o mundo para externar a sua alegria; e quis comunicá-la por um excesso de Amor. Com efeito, o bem é difusivo. Quando acontece alguma coisa que nos alegra muito, ou alcançamos uma meta qualquer pela qual vínhamos lutando há longo tempo, experimentamos um forte impulso de contar a nova aos nossos familiares e amigos. Queremos partilhar com todos o sucesso, pois a alegria faz com que nos sintamos mais próximos até dos desconhecidos. Por isso, uma pessoa apaixonada tende a expandir-se: faz poesia. Com Deus acontece algo de parecido. A Criação toda é um transbordar da bondade divina, a esplêndida poesia viva de um Deus «apaixonado», uma sinfonia de amor.

O valor de toda a realidade criada, da qual somos uma parte, é, pois, bem claro. É o valor de uma composição artística: proclamar a riqueza íntima do seu Criador. Este é o sentido radical da Criação: reconhecer e glorificar a Deus.

Criado à imagem e semelhança de Deus, inteligente e livre, capaz de conhecer e de amar, o homem é, antes de mais nada, o único espectador da sinfonia da Criação. Como acabamos de ver, Deus criou o mundo para se comunicar, ou, falando livremente, para abrir o coração numa confidência amorosa. Mas como só é possível uma verdadeira confidência se houver um interlocutor capaz de entendê-la, o ser humano, ao compreender o cântico da Criação, torna eficaz a confidência divina. Só o homem percebe a poesia do Universo e nela vislumbra a grandeza do seu Autor.

Isso já é muito, mas o ser humano chega mais longe. Conhecendo a Deus a partir das suas criaturas, pode enamorar-se dEle e amá-lo na sua infinita bondade.

Pode, finalmente, movido pelo amor, associar-se a Deus na sinfonia, transformando-se em solista da Criação.

As coisas inanimadas manifestam a bondade de Deus passivamente. Não têm atuação própria. Já as plantas e os animais, seres vivos, são instrumentos muito mais nobres, capazes de ação própria. Mas a sua atuação não é livre, pois até os animais superiores agem sempre sujeitos ao determinismo do instinto. Não passam de instrumentos de acompanhamento. O único solista é mesmo o ser humano livre, capaz de influir conscientemente, com originalidade, na cena do Universo. E este é o sentido da vida humana, tal como nos explica o Catecismo: o homem foi criado para conhecer, amar e servir a Deus, para *ouvir* a sinfonia divina, encher-se de *admiração* pelo seu compositor e *colaborar* nela com uma resposta amorosa.

O homem pode, porém, dar outra finalidade aos seus dias aqui na terra, pode pretender uma autoafirmação ou realização desvinculada do plano de Deus; no entanto, qualquer finalidade diferente da prevista pelo Criador carece de sentido. Há incontáveis modos diferentes de cada um prestar a sua contribuição, há um espaço enorme para a criatividade do amor, mas é preciso respeitar as regras da harmonia. As ações humanas que se harmonizam com a sinfonia divina são boas, e as que destoam são erradas. Os pecados são precisamente essas notas desafinadas, grotescas; atuação desordenada, sem sentido.

Cada pecado, por pequeno que seja, é aberrante e introduz algo de sinistro no Universo. É como se uma estrela saísse da sua órbita ou como se nascesse um elefante do ovo de uma galinha. Cada pecado encerra uma terrível maldade: mancha a beleza da esplêndida composição divina, «traz consigo uma perturbação da ordem universal»[12], prejudica toda a comunidade humana e destrói a felicidade de quem o pratica.

A felicidade, contrariamente ao que pode parecer à primeira vista, não está na satisfação momentânea que um ato nosso ou uma circunstância externa qualquer possam produzir. O que torna o homem feliz é ter o verdadeiro sentido para a sua vida, é estar cumprindo a sua missão, vivendo para aquilo para que foi criado. A felicidade autêntica não depende de que o céu esteja azul ou cinzento, e é compatível com a dor transitória. A alegria superficial de desfrutar do momento presente aparece e desaparece, escapando em boa medida ao nosso controle, e, de qualquer maneira, é sempre breve. A felicidade real, pelo contrário, é estável, e, embora nem sempre redunde em alegria sensível, tende a manifestar-se também nessa alegria, tão logo as circunstâncias o permitam. O pecado, ao tirar sentido à vida, mata a felicidade do homem na sua raiz. Pode continuar a haver satisfação superficial esporádica, mas mesmo essa satisfação, com o tempo, vai murchando como folha a que não chega a seiva.

Desobediência à lei de Deus

Os pecados são, pois, ações desordenadas. Trata-se de uma noção simples, até mesmo transparente; mas como saber se um determinado modo de agir é desordenado, isto é, se se harmoniza ou não com os projetos de Deus?

O pecado, diz o Catecismo, é «uma desobediência voluntária à lei de Deus», ou, em outras palavras, uma desobediência à lei moral. Deus é o legislador supremo que, com as suas leis, governa toda a realidade: através das leis físicas, químicas, biológicas, etc., governa o mundo material, vegetal e animal; através da lei moral, governa os seres humanos. As primeiras são apenas a expressão da ordem a que necessariamente estão submetidas todas as coisas, de acordo com o querer divino; a última, pelo contrário, enuncia os planos de Deus para a criatura racional, aos quais este deve submeter-se no exercício da sua liberdade.

Ora, o conteúdo fundamental dessa lei está resumido nos bem conhecidos «Dez Mandamentos»: 1° Amar a Deus sobre todas as coisas; 2° Não tomar o seu santo Nome em vão; 3° Guardar domingos e festas; 4° Honrar pai e mãe; 5° Não matar; 6° Não pecar contra a castidade; 7° Não furtar; 8° Não levantar falso testemunho; 9° Não desejar a mulher do próximo; 10° Não cobiçar as coisas alheias. Temos, portanto, uma orientação precisa*.

Mas não se veja nos Dez Mandamentos uma imposição arbitrária de um legislador despótico. O seu peso e a sua obrigatoriedade não provêm apenas da ordem dada por Deus através de Moisés. Mesmo que nunca tivessem sido promulgados, estariam vigentes desde o início até o fim dos tempos, porque correspondem a exigências próprias do nosso modo de ser.

Se um tirano ditasse uma lei absurda, como por exemplo «proíbo que se usem roupas verdes neste país», seria obedecido pelo seu poder de coação. Mas, como não há nada na natureza humana que desaconselhe a utilização de roupas verdes, se alguém usasse uma malha dessa cor, sem que a polícia do tirano viesse a saber, certamente nem ele nem a sociedade sofreriam nenhum dano.

Muito diferente é o caso dos Mandamentos, pois os projetos de Deus — diversamente

---

(*) Os Mandamentos resumem todas as normas da moral natural, e sobre eles se apoiam as leis da moral sobrenatural.

dos projetos dos homens — nunca permanecem apenas na mente divina: deixam a sua marca no mais íntimo da criatura. Ao dar-lhes o ser, Deus imprime em todos os homens um núcleo de características comuns, para adaptá-los à finalidade que deseja dar à espécie humana. Assim, a orientação prevista por Ele e enunciada na lei é também exigida pela natureza.

É desse núcleo de características que decorrem os Dez Mandamentos. Para deduzi-los, bastaria um adequado estudo antropológico, pois o pecado, embora às vezes não o pareça, sempre é anti-humano. Se Deus os revelou, foi para que qualquer um, mesmo sem fazer um esforço de reflexão sobre a natureza humana, pudesse conhecê-los com segurança e sem mistura de erros.

Por outro lado, é preciso esclarecer que não há nenhuma oposição entre lei e liberdade. Liberdade não é o mesmo que ausência de limitações. Ter liberdade não consiste em poder fazer tudo o que bem se entende, sem nenhuma restrição. O mais livre dos seres humanos tem limitações. Ninguém é capaz de voar; mas convenhamos que só um desequilibrado iria sentir-se preso por isso. Quem tem um emprego não pode dispor do tempo a seu bel-prazer. Contudo, somente um imaturo se lamentaria pela «falta de liberdade» a que ter um bom emprego o conduz.

Analogamente, a razão de ser, a finalidade objetiva da vida humana é independente da nossa escolha. Por isso, temos um dever e só atuamos bem na medida em que o respeitamos. Mas é precisamente nesse dever que reside a nossa maior dignidade e felicidade: existir para dar glória a Deus. Portanto, a lei moral é essencialmente positiva, é um roteiro para seguirmos nas nossas vidas o sensatíssimo rumo previsto pelo Criador, o único capaz de satisfazer as mais profundas aspirações humanas[*].

(*) Embora vários Mandamentos estejam enunciados em forma de negação, todos eles são essencialmente positivos. Assim, com relação a Deus, os três primeiros estabelecem: ama-o, respeita o seu Nome, dá-lhe a devida honra (ou seja, presta-lhe culto). E, com relação ao próximo, os sete restantes dizem: obedece a quem tem autoridade, porque este recebeu de Deus a missão de servir os demais;

Que Deus tenha querido dar-nos os Dez Mandamentos somente vem em ajuda da nossa liberdade. Ninguém fica irritado quando, numa noite chuvosa, encontra na estrada essas faixas brancas pintadas no chão para demarcar os seus limites. Essas faixas ajudam a dirigir mais facilmente. Quando Deus nos diz «não roubes», «não mintas», etc., não está criando barreiras para a nossa atuação, mas simplesmente assinalando-nos de modo bem visível as limitações próprias da natureza humana, para que possamos mover-nos sossegadamente, sem receio de cair num precipício. Não é razoável?

O pecado como ofensa a Deus

Chegamos agora à noção mais profunda de pecado; o pecado é ofensa a Deus. É uma desordem culpável que tira sentido à própria vida e mancha a obra do Criador, é rebeldia

---

respeita a vida, a tua e a dos outros; respeita a faculdade de gerar a vida; respeita a propriedade alheia; diz sempre a verdade; alegra-te com o bem alheio.

contra as legítimas e razoáveis prescrições de Deus, mas, acima de tudo, é ofensa a um Pai amoroso. Se não reparamos nisso, talvez seja porque tendemos a esquecer-nos da nossa relação com Deus.

Se o considerássemos detidamente, compreenderíamos por que o pecado é uma terrível ingratidão com Deus. Desse Pai amoroso recebemos tudo o que somos e temos. A Ele devemos o dom preciosíssimo da vida, todas as faculdades que possuímos, o entendimento capaz de perscrutar a verdade, a vontade livre capaz de amar, além de tantas qualidades pessoais que caracterizam a nossa fisionomia espiritual. E, pelo dom da graça, somos introduzidos na intimidade divina, assimilados ao próprio Deus, tornando-nos seus filhos. Não merece o nosso amor um Pai assim? «Vivemos como se o Senhor estivesse lá longe, onde brilham as estrelas, e não consideramos que também está sempre ao nosso lado. E está como um Pai amoroso — quer mais a cada um de nós do que todas as mães do mundo podem querer a seus filhos —, ajudando-nos, inspirando-nos, abençoando... e perdoando»[13].

É certo que, falando com propriedade, Deus não «se ofende», mas a ação pecaminosa não deixa de ser ofensiva. Quando eu insulto alguém, ainda que se trate de uma pessoa boa e magnânima que não se sinta ferida, o insulto continua a ser um desrespeito culpável da minha parte, que exige desculpas e reparação. Aliás, a magnanimidade e o valor do insultado só vêm a aumentar a gravidade da ação ofensiva[*].

Se quisermos avaliar a gravidade dos pecados humanos, basta recordar que, para restaurar a ordem violada por eles, foi necessário que Deus se fizesse homem e morresse na Cruz. Em certo sentido, pode-se dizer que os nossos pecados mataram Jesus

---

(*) O pecado é sempre ofensa a Deus. Mas isso não quer dizer que, para haver pecado, seja preciso ter a intenção explícita de ofendê-lo. Também não importa se «sentimos» ou não que, com a nossa atuação, ofendemos a Deus. Haverá pecado sempre que se atue deliberadamente contra os seus Mandamentos. Nesse caso, ofendemos objetivamente a Deus, embora na maior parte das vezes a nossa finalidade subjetiva seja apenas dar satisfação ao próprio orgulho, desfrutar de um prazer, etc.

Cristo. Foram eles que, unidos aos pecados de todos os homens de todos os tempos, conspiraram contra o Justo na Sexta-Feira Santa. Toda a violência, todo o ódio, toda a hipocrisia, toda a mentira, toda a baixeza, toda a malícia, toda a devassidão, toda a inveja humana desabaram sobre Cristo, afogando-o num oceano de iniquidade. Os nossos pecados tornaram-nos deicidas.

Portanto, na raiz de qualquer pecado está um fundo de aversão a Deus, embora nem todos consumem uma ruptura com Ele[*].

(*) Há dois grandes gêneros de pecados: os leves ou veniais e os graves ou mortais. Os pecados veniais são aquelas ofensas a Deus que não chegam a romper a nossa amizade com Ele. Os pecados mortais, pelo contrário, são aqueles cuja gravidade é suficiente para destruir a amizade com Deus. Chamam-se mortais porque, independentemente do que possamos sentir, provocam a morte da alma, ou seja, a perda da vida sobrenatural de relacionamento com Deus, a perda da graça santificante. Para que um pecado seja mortal, são necessárias três condições: 1º que se trate de uma desobediência à lei de Deus ou à lei da Igreja em matéria grave; 2º que se pratique com pleno conhecimento (ou advertência); e 3º que haja consentimento deliberado da vontade no ato pecaminoso.

O pecado mortal, em particular, altera o rumo da vida: corrompe o cerne da alma; instala na vontade um foco de maldade que aos poucos tende a desenvolver-se, comprometendo radicalmente a intimidade da pessoa e toda a sua atuação externa. Não à toa, quem morre sem perdão de um pecado desse tipo, vai para o inferno. E se, apesar da insistência do Novo Testamento[14], há quem ache o inferno excessivo e por isso chegue a duvidar de que existe, é porque ainda não tem ideia de toda a maldade que o pecado comunica à vida*.

_____

(*) É falso pensar que, «sendo Deus misericordioso, não pode haver inferno»; a linha de raciocínio correta é bem outra: «Se Deus é misericordioso e apesar disso existe um inferno — pois o inferno existe segundo o testemunho do próprio Deus —, qual não será então a gravidade do pecado, que faz merecer o inferno?»

A MISERICÓRDIA
DE DEUS

Deus, rico em misericórdia

Muitos não têm ânimo para pedir perdão pelos próprios pecados e retornar à amizade com Deus, porque não conhecem a sua misericórdia. Chegam a compreender a gravidade e as tristes consequências dos pecados; quereriam ver curadas as feridas da alma, mas por não acreditarem que isso seja possível, terminam abafando a voz íntima da consciência que delicadamente convida todo o homem à conversão.

«Erramos demais», pensam. Vislumbram um abismo de baixeza no próprio coração: quantas omissões, quanto egoísmo, quanta preguiça, quanta mentira, quantas intenções mesquinhas num só dos nossos dias... E entram por caminhos de desânimo. «Será possível limpar tanta sujeira?»

O Evangelho responde vigorosamente a essa indagação. Ou melhor, todo o Evangelho, de uma forma ou de outra, é a resposta a ela, pois «Evangelho» significa «Boa Nova», e a «Boa Nova» da Igreja aos homens de todos os tempos é justamente esta: o próprio Deus, *rico em misericórdia, pelo grande amor com que nos amou* (Ef 2, 4), veio ao mundo para curar as feridas da nossa alma. *Dizei àqueles que têm o coração perturbado: cobrai ânimo, não temais! Eis o vosso Deus [...]. Ele mesmo vem salvar-vos. Então se abrirão os olhos do cego e se desimpedirão os ouvidos dos surdos; então o coxo saltará de alegria como um cervo e a língua do mudo dará gritos de alegria [...], e uma alegria eterna coroará as suas frontes* (Is 35, 4-6.10).

Deus está disposto a perdoar-nos sempre, por mais terríveis que tenham sido os nossos erros. *Juro, diz o Senhor Deus, que não quero a morte do pecador, mas sim que se converta e viva. Convertei-vos, convertei-vos dos vossos maus caminhos... Em qualquer dia em que o pecador se converter do seu pecado, será perdoado* (Ez 32, 11-12). Mesmo que os pecados sejam imundos como a lama ou violentos como o sangue. *Se os vossos pecados forem como o escarlate, eu os tornarei brancos como a neve* (Is 1, 18), diz o Senhor.

Foi para nos perdoar que Jesus Cristo, Filho de Deus, veio até nós. Fez questão de rebaixar-se, colocando-se à nossa altura. *Ele, que era de condição divina, humilhou-se a si mesmo tomando a condição de servo* (Fil 2, 6). E não hesitou em sofrer a própria morte. Tudo para nos libertar do fardo dos nossos pecados. Por isso, mesmo que caiamos mil vezes, podemos estar certos de que Deus não se cansa das nossas misérias. *Quem não poupou o seu próprio Filho, mas o entregou por todos nós, como não nos havia de dar também, com Ele, todas as coisas?* (Rom 8, 32).

O filho pródigo

Há uma passagem do Evangelho mais eloquente do que qualquer raciocínio, em que se exprime todo o vigor da boa nova de que vimos falando: a parábola do filho pródigo (Lc 15, 11-32). Vale a pena tornar a meditar nela.

Jesus compara as nossas relações com Deus às relações que um filho mantém com o seu pai. *Um homem tinha dois filhos. E disse o mais novo deles: Pai, dá-me a parte dos bens que me cabe. Ele dividiu-lhes os haveres. E passados alguns dias, o filho mais jovem, reunindo tudo, partiu para uma terra distante, e ali dissipou os seus haveres, vivendo dissolutamente.*

Essa é a história de cada um de nós quando pecamos. Enfrentamo-nos com o nosso Pai-Deus e brutalmente requisitamos *a parte dos bens que nos cabe*. Queremos a vida só para nós. E Deus permite que disponhamos dos seus dons de acordo com o nosso capricho. Não nos barra o caminho, para respeitar a nossa liberdade. Como fazemos questão de não ficar, deixa que nos afastemos.

Partimos para uma terra distante. Externamente, nem sempre se nota muita diferença, mas, por dentro, o ambiente da alma muda por completo. Deus desaparece do horizonte: já não tem morada no nosso coração, porque perdemos a graça; também já não fala à nossa consciência, porque não queremos ouvir a sua voz. Não refletimos. Vivemos esbanjando a vida, sem reparar na falta de sentido daquilo que fazemos; despreocupadamente, porque, de início, tudo é mais fácil; já não precisamos dar contas do nosso comportamento a ninguém.

Mas na terra da vida sem Deus, mais cedo ou mais tarde, chega-se a uma insatisfação profunda. O Evangelho a descreve, explicando que, *depois de gastar tudo, sobreveio uma grande fome naquela terra* e o filho *começou a sofrer necessidade*. As alegrias tacanhas só conseguem disfarçar por algum tempo os desejos de felicidade. Esgotadas as possibilidades de satisfação que as coisas podem dar, faz-se sentir a fome. Fome de nobreza, fome de Deus.

Procuram-se sucedâneos. O pródigo *foi e pôs-se a servir um cidadão daquela terra, que o mandou aos seus campos para apascentar porcos*, uma ocupação abominável para a mentalidade de um judeu como ele. Chegou ao ponto de desejar encher o estômago com as bolotas que os porcos comiam... *Mas ninguém lhas dava*, pois quando se perde a dignidade de filho de Deus, até mesmo a pobre satisfação própria de um animal nos é negada.

Assim termina o relato da triste aventura do pecado, e o Evangelho passa a descrever os caminhos da atuação da misericórdia divina. Comparando a miséria da sua situação longe de casa com a abundância de que gozava junto do seu pai, o protagonista da parábola percebeu que havia agido mal. *Caindo em si, disse: quantos jornaleiros de meu pai têm pão em abundância, e eu aqui morro de fome*. E decidiu voltar e pedir perdão.

Não nos estranhe se o primeiro impulso para o arrependimento nos parecer um pouco interesseiro. Sentimos fome e temos saudades do pão, ou seja, da felicidade que a amizade com Deus nos proporcionou em outros tempos. Isso não é mau. Começa-se lamentando as consequências do pecado para se chegar a lamentar o pecado em si.

Quem não desse valor a uma decisão de emenda por ela não ter sido desinteressada desde o início, daria mostras de conhecer pouco as limitações próprias da condição humana. E quem, sob pretexto de autenticidade, resolvesse adiar a confissão das próprias culpas até chegar a «sentir» uma profunda repugnância pela sua malícia, correria o risco de nunca chegar a reconciliar-se com Deus, pois via de regra um arrependimento imperfeito é etapa necessária para atingir a dor de amor, o puro desgosto pela ofensa cometida contra Deus, em atenção à sua bondade.

Então, continua a narrativa, o filho pródigo, *levantando-se, voltou para a casa do pai*. E é aqui que se manifesta plenamente o calor da misericórdia de Deus, numa cena em dois atos.

O primeiro corresponde ao longo trajeto rumo à casa paterna. O filho vai imaginando a acolhida que seu pai lhe dispensará. «Talvez não me queira receber», pensaria a princípio. Mas, quando começou a aproximar-se das terras do pai, foi-se sentindo mais otimista. A paisagem familiar evocava gratas recordações que o tempo não tinha podido apagar, despertava na alma sentimentos nobres adormecidos. Se o pai o tratara com carinho em outras épocas, agora iria perdoá-lo e provavelmente o receberia como a um empregado.

Foi com essa esperança que o pródigo atingiu os limites da propriedade do pai; mas o que realmente aconteceu superou toda a expectativa. *Quando ainda estava longe, viu-o o pai e, compadecido, correu para ele, lançou--se-lhe ao pescoço e cobriu-o de beijos.* Durante o longo período de separação, o filho tinha esquecido quase por completo o pai, mas o pai em nenhum momento esquecera o filho. Todos os dias, ao cair da tarde, terminada a labuta da jornada, percorria com o olhar o horizonte, na esperança de divisar o vulto familiar do filho ausente. E essa perseverança foi recompensada. No dia em que o pródigo voltou, o pai o estava esperando. Por isso, viu-o *quando ainda estava longe*.

Não tinha bom aspecto. Abatido pela fome, sujo da poeira da estrada. Com o cabelo em desalinho, vestindo andrajos, talvez chagado. Qualquer um se teria afastado dele, mas o pai, não. Profundamente tocado, *estreitou-o num abraço* forte e, compadecido do seu estado, *cobriu-o de beijos*, como se quisesse curar as feridas à força de carinho. Não disse nada; teria sido supérfluo.

Ninguém deveria recear reencontra-se com Cristo na Confissão. Jesus é como o pai do pródigo, não um juiz severo. Ele mesmo o afirma explicitamente: *Eu não vim julgar o mundo, mas salvá-lo* (Jo 12, 47). Seu olhar não é de censura, mas de compreensão. Por isso, sempre esteve rodeado de pecadores. Ladrões, prostitutas, gente desqualificada de qualquer espécie, aproximavam-se dEle com toda a liberdade, cheios de confiança, como que atraídos para a conversão por uma força irresistível.

O segundo ato da cena apresenta-nos o diálogo entre os dois protagonistas. O carinho do pai desarmou as últimas resistências do orgulho do filho. Este já não pensa em si. Toda a sua atenção está voltada para a magnanimidade do pai, para a sua capacidade de perdoar. Começa a pedir desculpas. Pronuncia, emocionado, as mesmas palavras que tinha planejado dizer, mas com um sentimento imprevisto: *Pai, pequei contra o céu e diante de ti*. Está sinceramente arrependido, ao ver-se estimado por seu pai[*].

Sente-se indigno dele. Sabe que foi perdoado, mas pensa que nunca mais poderá

(*) Cf. Georges Chevrot, *O filho pródigo*, Quadrante, São Paulo, 1988, 52 págs.

voltar à situação de antes. E prossegue: *Já não sou digno de ser chamado teu filho*. E ia acrescentar com verdadeira humildade: *Trata-me como a um dos teus jornaleiros*, quando foi interrompido.

O pai, que vinha acompanhando com todo o respeito a sua confissão, compreendeu imediatamente o que o filho pretendia dizer e não lhe permitiu que terminasse a frase. Começou a bradar aos criados: *Depressa, trazei a túnica mais rica e vesti-lha. Ponde-lhe um anel na mão e sandálias nos pés e trazei o bezerro cevado e matai-o, e comamos e alegremo-nos, porque este meu filho* — disse, sublinhando nitidamente estas palavras — *morrera e tornou à vida, perdera-se e foi achado*. O pródigo, agora mais do que nunca, era filho, com toda a dignidade própria de um filho muito amado. *E puseram-se a celebrar a festa*.

Se o perdão dos homens às vezes humilha e rebaixa, o perdão de Deus sempre dignifica e eleva. Eis o cerne da misericórdia.

O INSTRUMENTO
DA MISERICÓRDIA DE DEUS

Na Confissão, é Deus que nos perdoa

Não há dúvida alguma de que Deus quer perdoar-nos. E Ele o faz através do sacramento da Penitência ou Confissão. Ao recebê-lo, voltamos como pródigos à casa paterna e somos acolhidos pelo próprio Deus num abraço de reconciliação.

Para entender bem o sacramento da Confissão, é preciso, antes de tudo, ter em conta esta verdade fundamental: nele recebemos o perdão de Deus e não o perdão dos homens, embora seja diante de um homem — o ministro de Deus e da Igreja — que nos confessamos. Esse ministro atua como representante de Deus, por delegação expressamente recebida.

Jesus, sendo a Segunda Pessoa da Santíssima Trindade, podia perdoar os pecados com autoridade própria. Demonstrou-o um dia, em Cafarnaum, quando perdoou os pecados a um paralítico que lhe suplicava ajuda. Naquela ocasião, muitos dos presentes se escandalizaram. Não conheciam a sua divindade e, por isso, parecia-lhes absurdo que um simples mortal se atrevesse a conferir o perdão de Deus. Começaram a murmurar: *Quem pode perdoar senão só Deus?* E Jesus interveio: *Por que murmurais nos vossos corações?*, disse. *Pois para que vejais que o Filho do homem tem na terra o poder de perdoar os pecados, dirigindo-se ao paralítico, ordenou: Levanta-te, toma a tua cama e anda* (Mt 9, 1-7). E, ante o olhar atônito de todos, o paralítico imediatamente pôs-se a andar.

Pois bem, qualquer sacerdote tem a mesma autoridade para perdoar, porque o próprio Cristo a outorgou aos Apóstolos e a todos os seus sucessores. Com efeito, terminada a batalha da Cruz, em que a misericórdia de Deus venceu galhardamente a maldade dos homens, Jesus, logo que se encontrou com os Doze, quis entregar-lhes o troféu da vitória. Na tarde do domingo da Ressurreição, apareceu-lhes no Cenáculo e disse: *Assim como o Pai me enviou, também eu vos envio*. Constituiu-os continuadores da sua missão de Cordeiro de Deus para tirar os pecados do mundo. Soprou sobre eles e acrescentou: *Recebei o Espírito Santo; aqueles a quem perdoardes os pecados, ser-lhes-ão perdoados; aqueles a quem os retiverdes, ser-lhes-ão retidos* (Jo 20, 22-23). Concretizou-lhes assim o poder de ligar e desligar diante de Deus, que prometera primeiro a São Pedro (Mt 16, 19) e depois a todos eles (Mt 18, 18).

O único meio

A Confissão é pois o grande instrumento da misericórdia divina. Mais ainda. Depois do Batismo, não representa apenas um meio privilegiado de obter o perdão: é o *único* meio.

Às vezes, ouve-se dizer: «Se eu percebo que pequei e me arrependo, de que serve ir confessar-me com o sacerdote? Deus lê no coração e vê que eu estou arrependido, pedindo perdão. Isto não basta?» E é preciso responder: «Não, não basta». Poderia bastar, se Deus não houvesse determinado o contrário. Porventura não cabe àquele que recebe uma ofensa o direito de estabelecer as condições que deseja para conceder o seu perdão? O perdão veio por Cristo, e a Penitência é o sacramento instituído por Cristo para outorgar o perdão — o *seu perdão* — aos pecados cometidos depois do Batismo.

Portanto, a verdade clara, sem paliativos, é que para obter o perdão dos pecados mortais, não basta o arrependimento, sendo absolutamente indispensável a Confissão sacramental. Deus não nos deixou a possibilidade de «nos confessarmos diretamente com Ele»[*].

Triste engano, portanto, o daquele senhor que justificava a sua recusa em confessar-se com o sacerdote dizendo que preferia «entender-se diretamente com Deus». Na

---

(*) Se os fiéis pudessem obter o perdão de Deus sem submeter-se ao juízo dos ministros da Igreja, na Confissão, ficaria anulada a faculdade de reter os pecados que Cristo quis dar a esses ministros.

realidade, é Deus que não deseja «entender-se diretamente conosco» deste modo, no que diz respeito ao perdão dos pecados.

Se alguém não quisesse confessar-se com o sacerdote, mesmo conhecendo a determinação divina, no fundo não estaria arrependido, por mais que «sentisse» o contrário. Faltar-lhe-ia o desejo de submeter-se a Deus, de oferecer-lhe satisfação segundo o seu desejo, que é a primeira manifestação do arrependimento autêntico. E não poderia ser perdoado.

Talvez a exigência da Confissão pareça um tanto forte e desencorajante. Mais adiante veremos que se trata de uma impressão totalmente falsa. Por ora, basta apenas observar que essa exigência é muito razoável, pois se o pecado é fundamentalmente ofensa a Deus, comporta também, qualquer que seja a sua espécie, uma ofensa à Igreja, devido à profunda solidariedade existente entre os membros do organismo vivo que Ela constitui. Por isso, Deus, para garantir que nos desculpássemos também com a Igreja, estabeleceu que o seu perdão nos chegasse através dela, conferido pelos seus ministros. Assim, «aqueles que se aproximam do sacramento da Penitência obtêm da misericórdia divina o perdão da ofensa feita a Deus e, ao mesmo tempo, são reconciliados com a Igreja [...], que colabora para a sua conversão com caridade, exemplo e orações»[*][15].

(*) Nos últimos anos, muito tem sido feito para destacar essa colaboração de toda a comunidade eclesial na conversão do penitente. Para torná-la mais palpável, têm-se incentivado as celebrações penitenciais com a participação de vários fiéis. Tais celebrações constituem, sem dúvida, um bom entorno para a administração do sacramento da Reconciliação a cada um dos que dela participam. Com palavras do Romano Pontífice, «estas iniciativas são úteis e servirão certamente para enriquecer a prática penitencial da Igreja contemporânea».

A seguir, porém, o Papa previne: «Não podemos esquecer, no entanto, que a conversão é um ato interior de uma profundidade particular, no qual o homem não pode ser substituído pelos outros, não pode fazer-se "substituir" pela comunidade. Muito embora a comunidade fraterna dos fiéis, participantes na celebração penitencial, seja muito útil para o ato da conversão pessoal, todavia, em última análise, é necessário que neste ato se pronuncie o próprio indivíduo, com toda a profundidade da sua culpabilidade e da sua confiança em Deus, pondo-se diante dEle, à semelhança do salmista,

Juízo sacramental

Se quisermos descrever sumariamente o sacramento da Penitência, podemos dizer que tem a forma de um juízo. É o que sugerem as próprias palavras de Cristo após a Ressurreição que citamos anteriormente (cf. pág. 27), e é o que o mais solene magistério da Igreja confirma*.

Por isso, o sacramento da Reconciliação — a Confissão — pode ser definido como juízo sacramental que confere o perdão de Deus para os pecados cometidos depois do Batismo, a todo o fiel que, arrependido, confessar devidamente a própria culpa

---

para confessar: "Pequei contra Vós!" A Igreja, pois, ao observar fielmente a plurissecular prática do sacramento da Penitência — a prática da confissão individual, unida ao ato pessoal de arrependimento e ao propósito de se corrigir e de satisfazer — defende o direito particular da alma humana. É o direito a um encontro mais pessoal do homem com Cristo crucificado que perdoa...» (*Redemptor Hominis*, 20).

(*) A absolvição do sacerdote é um «ato judicial pelo qual ele mesmo, como juiz, pronuncia a sentença» (Concílio de Trento, Sessão XIV, cap. 6).

ao legítimo ministro, que é só o sacerdote. É de fato um juízo, mas um juízo *sui generis*, pois se realiza no tribunal da misericórdia de Deus, criado especialmente para perdoar: havendo arrependimento, a sentença é invariavelmente de absolvição.

No tribunal da Confissão há, pois, um juiz, um réu e uma sentença. O juiz é o sacerdote, e o seu dever é julgar os pecados e as disposições dos penitentes, para perdoar os que estiverem contritos. Não pode absolver indiscriminadamente*, pois sem arrependimento não pode haver perdão; mas, como o pai do pródigo, sempre é benigno na sua avaliação. Se encontra ao menos um princípio de boa vontade, um desejo incipiente mas sincero de conversão, absolve, cheio de alegria. Se, pelo contrário, julga que não há, por parte de quem se confessa,

---

(*) Se Jesus conferiu à Igreja, na pessoa dos sacerdotes, tanto o poder de absolver os pecados, perdoando-os, como o poder de retê-los, não os perdoando, foi certamente porque desejava que eles prudentemente julgassem se deveriam usar de um ou de outro.

essas disposições mínimas necessárias, simplesmente adia o momento de dar a sua sentença, até que elas passem a existir, oferecendo, além do mais, toda a ajuda para que isso se dê o mais depressa possível. Mas nunca condena.

O réu é o penitente. Deve dar ao juiz os elementos necessários para que possa proceder com conhecimento de causa. Precisa acusar-se de modo detalhado, relatando os pecados — todos os pecados graves, e louvavelmente também as faltas leves — que recordar após um diligente exame de consciência[*], manifestando o seu pesar por tê-los cometido e a disposição de reparar, de satisfazer, da maneira que lhe for indicada.

(*) Concretamente, para que a Confissão seja válida, é necessário relatar todos os pecados mortais cometidos depois do Batismo, e que ainda não tenham sido confessados em alguma confissão anterior bem feita, indicando o número de vezes que cada um deles foi cometido, caracterizando bem a sua espécie moral e explicando as circunstâncias em que se deram, se se trata de circunstâncias suficientes para mudar essa espécie (cf. Concílio de Trento, Sessão XIV, c. 7). Cf. mais adiante, págs. 68 e segs.

Em suma, deve proceder como o filho na parábola evangélica, reconhecendo a sua culpabilidade: *Pai, pequei contra o céu e diante de ti*. Este há de ser o tom da sua fala. Por isso, a confissão do penitente não será nunca uma simples enumeração de faltas, e menos ainda um rol de escusas, de autojustificações ou de pecados alheios. Será, pelo contrário, a humilde acusação de si próprio, feita por quem se sabe culpado e pede clemência.

Quanto à sentença, basta recordar a observação daquele homem de Deus: «Repara que entranhas de misericórdia tem a justiça de Deus! — Porque, nos julgamentos humanos, castiga-se a quem confessa a sua culpa; e no divino, perdoa-se. Bendito seja o santo Sacramento da Penitência»[16].

Excepcionalmente, quando houver «impossibilidade física ou moral» de realizar-se a acusação detalhada a que nos referimos, o juízo da Confissão pode assumir uma forma sumária. O sacerdote pode presumir a retidão das disposições do penitente e dar-lhe a absolvição sem que ele, de momento, preste contas da sua consciência pela acusação dos próprios pecados.

Pode fazê-lo, por exemplo, ao administrar o sacramento a um mudo ou a um moribundo que não tenha forças para falar. Pode-se também dar a absolvição a várias pessoas, coletivamente, prescindindo da confissão individual de cada uma delas, «quando, por causa do grande número de penitentes, não há confessores suficientes para ouvir as confissões de cada um em tempo razoável, de tal modo que os penitentes, sem sua culpa, sejam forçados a ficar sem a graça sacramental ou sem a sagrada Comunhão por muito tempo»[17].

Esta particular forma sumária de administração do sacramento da Penitência, que popularmente se chama «confissão comunitária», tem um caráter excepcional. Deus não quer excluir do seu perdão aqueles que se acham realmente impossibilitados, sem culpa própria, de receber o benefício da confissão individual.

Seria, no entanto, errôneo pensar que a «confissão comunitária» constitui uma alternativa para a confissão individual e auricular*. De fato, *nunca* a dispensa: subsiste a obrigação de confessar individualmente os pecados que não tenha sido possível acusar, logo que houver possibilidade de fazê-lo.

O meio mais humano de perdoar

Infelizmente, a maioria das pessoas não repara na «natureza alegre e libertadora (do sacramento da Reconciliação), em

---

(*) Com efeito, a confissão comunitária só pode ser realizada nas condições excepcionais acima descritas (cf. também Congregação para os Sacramentos e o Culto divino, 22-IX-1979) e requer, para a sua validade, que o penitente, além de estar sinceramente arrependido, tenha o propósito de acusar-se numa confissão individual de «cada um dos pecados graves que de momento não pode confessar», tão logo isto seja possível (cf. *Normas Pastorais*, IV e VII). Nem é preciso dizer que não é lícito, «para quem tem consciência de estar em pecado mortal, dispondo de confessor, evitar, de propósito ou por negligência, o cumprimento da obrigação de confessar-se individualmente, na esperança de que surja uma ocasião em que se dê uma absolvição coletiva» (*Normas pastorais*, VIII).

que se expressa o amor vitorioso de Cristo ressuscitado»[18].

À primeira vista, chama a atenção o dissabor de ter de manifestar a própria intimidade. Dá muita vergonha. O demônio, que nos tirou a vergonha no momento de cometer o pecado, no-la devolve aumentada, no momento de confessá-lo. Não deveria ser assim, pois diante de Deus, que é o espectador da verdade da nossa vida, o vergonhoso é pecar, ao passo que reconhecer o pecado cometido é, pelo contrário, manifestação de grande dignidade. Mas prezamos mais as aparências do que a realidade e, de fato, sentimos muita vergonha. Esta, e não outras que tantas vezes se alegam, é a razão pela qual muitos chegam a questionar o sacramento da Reconciliação e a abandonar a sua prática.

Quem se disponha a prescindir de preconceitos não tarda a perceber que a Confissão não é de maneira nenhuma uma exigência arbitrária de alguém indiferente às nossas dificuldades. Deus quer que passemos um pouco de vergonha, mas não sem motivo, pois é impossível imaginar meio mais conveniente e humano de conferir-nos o perdão dos nossos pecados. Senão, vejamos.

A certeza do perdão

Só a Confissão nos pode dar a certeza de termos recebido o perdão.

Antes da vinda de Cristo, não existia o sacramento da Confissão e, por isso, quando alguém se arrependia dos seus desatinos e queria ser perdoado por Deus, apresentava-lhe uma satisfação qualquer que lhe parecesse adequada. Cada um fazia penitência a seu modo. O Antigo Testamento conta-nos que os Patriarcas judeus, por exemplo, de acordo com uma inspiração divina particular, umas vezes jejuavam e ofereciam a Deus esse sacrifício, outras confessavam a sua culpa a um enviado de Deus, outras ainda vestiam-se de saco e cobriam-se de cinzas, manifestando publicamente o seu arrependimento, etc. Faziam o melhor que podiam, mas, em geral, não tinham garantia alguma de terem sido perdoados.

Cristo alterou esse estado de coisas e instituiu a Confissão para nos dar mais segurança. Outorgou aos sacerdotes o poder de perdoar os pecados, pois assim, sendo sensível o perdão que eles conferem, quem o recebe pode estar certo de ter sido perdoado por Deus.

É importante ter a certeza de que fomos perdoados e de que recuperamos a estima da pessoa amada. Que marido, por exemplo, não se sente gratificado com o sorriso carinhoso da mulher, ao fazer as pazes com ela depois de uma discussão? Se ama a esposa, certamente sentir-se-ia muito mal se, ao pedir-lhe perdão, não recebesse dela resposta alguma, se o rosto da esposa permanecesse fechado, se não se lhe abrandasse o olhar, se não se lhe descontraíssem os lábios. Ficaria angustiado. «Terá acreditado na minha sinceridade? Então por que não me diz nada?» Somos seres de carne e osso, e precisamos dessas manifestações sensíveis.

Um dom de Cristo

Todos os sacramentos instituídos por Jesus Cristo são precisamente meios sensíveis, adequados ao nosso modo de ser, através dos quais Deus nos manifesta o seu amor, conferindo-nos a graça. Cada sacramento produz um efeito espiritual na nossa alma e, para que possamos estimar melhor o que se dá dentro de nós, esse efeito se produz através de um rito externo que o representa sensivelmente.

O sacramento da Penitência não foge à regra. Deus quer perdoar-nos através de um rito que nos manifeste claramente a sua misericórdia e o seu perdão. A presença do sacerdote — instrumento vivo de Cristo Sacerdote — torna palpável a presença de Jesus. Ao ouvir uma confissão, o sacerdote já não é um pobre ser humano limitado, com defeitos e misérias como qualquer outro, pois atua *in persona Christi*; nesse momento, é o próprio Cristo. Empresta a Cristo a sua inteligência, as suas mãos, o seu olhar, a sua voz, e é Cristo quem nos acolhe com o seu carinho, quem nos escuta pacientemente e... perdoa. É Ele mesmo quem nos diz: «Eu te absolvo dos teus pecados. Vai em paz».

Pacificação

Vai em paz! É formidável ouvir estas palavras da boca de Jesus.

Libertamo-nos de todo o peso de consciência. Desaparecem os mais negros remorsos e, além disso, projeta-se um raio de luz nas regiões sombrias da consciência, onde tantas vezes se escondem as incertezas e os escrúpulos. Qual de nós não poderia agora mesmo apontar na sua vida passada dois ou três desses pontos que o preocupam? Há fatos que não conseguimos recordar sem um íntimo dissabor, porque não estamos nada convencidos da lisura do nosso comportamento na ocasião. Qualquer coisa nos lembra esses fatos, por menor que seja a sua relação com eles. Pode-se chegar a não pensar em outra coisa. E se tentamos sepultá-los no esquecimento, as preocupações, em lugar de silenciarem, tornam-se mais vivas que nunca, no fundo da alma, prontas para aflorar a qualquer momento, gerando uma impressão difusa de culpabilidade que é mais angustiante que o remorso declarado.

Na Confissão, o sacerdote tem muitas vezes a alegria de poder tranquilizar, com a autoridade de Cristo, pessoas que estavam aflitas por causa de um peso desses na consciência: «Não se preocupe, isso não foi nada, não está errado aos olhos de Deus». E aquele que chegara oprimido, retira-se aliviado.

E também é muito comum que o confessor consiga resolver problemas pessoais intrincados, aparentemente sem solução, de tantos penitentes que, com toda a boa vontade, laboravam nalgum erro sem o terem percebido. «Repare que aquele detalhe no trato com a namorada não foi tão limpo como pareceria à primeira vista». E uma observação muito simples como esta pode salvar um namoro que andava malparado, encaminhar bem a vida de um casal ou representar um início de reaproximação com Deus.

Aconselhamento

Não se pode estar sozinho no âmbito das preocupações mais íntimas; e, no entanto, frequentemente não conseguimos abrir-nos com ninguém. Com os estranhos, não temos suficiente confiança; com os amigos, sentimos pudor; com os familiares, normalmente falta-nos liberdade, porque são parte envolvida na maioria dos nossos problemas de relevo. *Ai de quem está só*, diz a Sagrada Escritura (Ecle 4, 10). Há situações que requerem um conselho, a palavra isenta, serena e amiga de alguém que conheça a fundo o coração humano e os caminhos da vida. Onde encontrar uma pessoa de absoluta confiança, imparcial, que nos aconselhe com sabedoria e experiência, dando garantias de sigilo?*

(*) O confessor tem gravíssima obrigação diante de Deus de não revelar a pessoa alguma, em nenhum caso, sem qualquer exceção, o conteúdo das confissões. E a Igreja estabeleceu as mais severas penas para o sacerdote que ousasse faltar com o sigilo. Mas não tem sido necessário aplicar essas penas, porque, apesar de tantas fraquezas pessoais bem patentes, os sacerdotes, com a ajuda de Deus, têm sabido manter intacto o segredo das confissões. Mais ainda, são inúmeros, ao longo da história, os casos de padres que chegaram a sofrer todo o tipo de danos materiais e morais, até a perda da honra e a própria morte, por não terem

Empobreceria muito a Confissão quem a visse como um simples desabafo ou como uma sessão de aconselhamento. Mas não há dúvida de que o bom sacerdote reúne as condições do confidente ideal. Quem conhece essas profundezas da alma onde se travam as batalhas decisivas, onde amadurecem as opções fundamentais, onde mora o próprio Deus como num templo? Quem senão ele já escutou as confissões mais íntimas de milhares de pessoas, de todas as idades e condições? Quem conhece esse outro lado da realidade, de que nunca se fala e que encerra a verdade verdadeira, tantas vezes disfarçada pelas aparências? Quem senão o bom sacerdote pode haurir do Mistério de Deus e dar conselhos com o selo da sua Sabedoria? Pensando na Confissão, não podemos deixar de evocar aquelas conversas amabilíssimas que Jesus tinha com os seus discípulos. Nem

---

cedido às pressões para que revelassem as confidências dos seus penitentes. Não se conhece nenhum caso de violação de sigilo, nem mesmo por parte de sacerdotes que apostataram ou perderam o uso da razão.

sentiam passar o tempo. Terminavam reconfortados, dispostos a retificar, a recomeçar. Alegres. E comentavam: *Nunca ninguém falou como este homem* (Jo 7, 46). *Não ardiam os nossos corações quando nos falava pelo caminho?* (Lc 24, 32).

Na Confissão, o sacerdote escuta-nos atentamente, orienta-nos, procura compreender e desculpar. E nós, ao sentirmo-nos compreendidos, abandonamos a atitude defensiva que instintivamente tendemos a assumir quando está em pauta o nosso comportamento. Confiantes, abrimos bem o coração, contamos as mágoas de fundo. Então o sacerdote põe óleo nas feridas, ajuda-nos a ver as coisas sob outro prisma, de modo mais objetivo, desapaixonado. Com essa ajuda, e sobretudo com a graça de Deus, que vai atuando na consciência, percebemos com nitidez a nossa culpa, e chegamos finalmente à contrição verdadeira.

Facilidade para o arrependimento

Há uma enorme diferença entre essa contrição e o desgosto amargo que sentimos de nós mesmos quando a vida se encarrega de colocar-nos brutalmente em face dos nossos erros.

Entristecemo-nos e chegamos a sentir-nos como vítimas: vítimas dos que convivem conosco, vítimas de nós próprios, do nosso modo de ser, que não é aquele que quereríamos, vítimas até do próprio Deus, que nos fez assim. Depois de nos confessarmos, tudo se inverte, deixamos de sentir-nos vítimas e passamos a réus, mas réus que foram perdoados... Não há estado de alma mais grato.

É certo que a confissão dos próprios pecados sempre se revela um pouco humilhante. Eis-nos outra vez ante o problema da vergonha. Mas até mesmo essa humilhação é benéfica, pois se trata de uma humilhação medicinal. Apenas a humildade, ou seja, a disposição habitual de reconhecer os próprios erros, pode conduzir ao arrependimento; e dificilmente se chega a ser humilde sem passar por alguma humilhação. A humilhação da Confissão leva-nos à humildade, e a humildade ao arrependimento.

Portanto, a Confissão abranda a alma e a conduz àquele arrependimento profundo que tantas vezes procuramos ansiosamente, sem encontrá-lo em parte alguma. Quereríamos chorar, mas sentimo-nos secos por dentro. Só o sacramento da misericórdia de Deus é capaz de derreter as nossas entranhas, para vertê-las em lágrimas purificadoras.

Em suma, «o fiel que se aproxima da Confissão com as devidas disposições, não experimenta a justiça que condena, mas o amor que perdoa». É, de fato, uma experiência que, à forte luz do amor de Cristo, permite aprender a conhecer melhor as próprias faltas. E isto, sem «gerar frustrações ou traumas, pois no mesmo ato em que o penitente descobre as dimensões da sua culpa, encontra também uma experiência renovada da misericórdia paciente e forte do seu Senhor»[19].

OS EFEITOS
DA CONFISSÃO

Quando Jesus vivia entre os homens, fazia milagres que entusiasmavam a todos. *Ele fez tudo bem feito*, diziam, *fez ouvir os que estavam surdos e devolveu a voz aos que estavam mudos* (Mc 7, 37). Agora, realiza milagres ainda mais admiráveis. Na Confissão, em vez dos corpos, cura as almas: limpa as leprosas, restitui o movimento às paralíticas, ressuscita as que estão mortas.

Perdoa os pecados

A Confissão restitui-nos a limpeza da alma, curando a lepra do pecado. Nos tempos bíblicos, a lepra era uma doença incurável, maldita. E os leprosos, completamente abandonados, cobertos de chagas pestilentas, iam apodrecendo em vida. Algo análogo acontece com o pecador.

Tem lepra na alma, principalmente se os seus pecados forem mortais, pois esses pecados corrompem mais que a própria lepra. Talvez não tenhamos muita consciência disso, porque as pessoas que os cometem frequentemente conservam uma aparência de honestidade que chega a confundir. No entanto, trata-se de pura aparência. Dessas pessoas se pode dizer que são como *sepulcros caiados, vistosos por fora, mas por dentro cheios de ossos de mortos e de toda a sorte de imundícies* (Mt 23, 27). E mesmo que o seu comportamento externo encubra boa parte do egoísmo e da ruindade das suas intenções íntimas, nunca chega a disfarçar tudo. De vez em quando, um gesto mais espontâneo ou a reação ante uma circunstância imprevista acabam por trair o interior frio, rancoroso ou azedo. Com a sua contundente simplicidade, o Cura d'Ars dizia que, «se tivéssemos fé e víssemos uma alma em estado de pecado mortal, morreríamos de terror». Veríamos um leproso em decomposição, em vias de ser lançado ao lixo do inferno.

Portanto, é mesmo lepra a doença do pecador, pois até os pecados veniais, que objetivamente são muito menos graves, representam uma ferida considerável na alma. São repugnantes e podem facilmente degenerar em podridão leprosa. Não é preciso muito conhecimento da psicologia humana para percebê-lo.

A Confissão cura tudo isso. Perdoa todos os pecados mortais e também perdoa os pecados veniais de que estejamos arrependidos[*]. *Senhor, se queres podes limpar-me*, dizemos a Jesus Cristo. Ele nos responde: *Quero, sê limpo* (Lc 5, 12-13). E desaparece a crosta imunda que recobria a nossa alma[**].

(*) Embora haja pecados mortais de diferentes espécies, todos eles coincidem no radical repúdio da submissão a Deus. Por isso, não se pode estar arrependido de um deles sem estar arrependido de todos. Consequentemente, só se recebe o perdão de um pecado mortal em particular quando, estando arrependidos de todos, de todos formos perdoados. O mesmo não ocorre com os pecados veniais, que podem ser perdoados uns independentemente dos outros.

(**) Assim nos tornamos dignos de receber o Senhor na Eucaristia. Antes de nos confessarmos, se

Dá forças para lutar

A Confissão também cura a paralisia gerada pelo pecado. Porque os nossos pecados, de fato, enfraquecem-nos a vontade, acorrentando-nos e escravizando-nos. Se se repetem, vão criando um lastro de maus hábitos que nos levam a praticar uma e outra vez ações que desejaríamos evitar.

São Paulo, depois de aludir a quem é escravo do pecado, descreve na Epístola aos Romanos, com viveza dramática, a substância desse estado de paralisia: *Querer o*

---

tivéssemos consciência de algum pecado mortal, não poderíamos recebê-lo. Como pretender uma união tão íntima com Ele sem limpeza de alma e com uma atitude de fundo hostil? Comungar sem o estado de graça seria uma grave ofensa a Deus, um sacrilégio, que a Igreja proíbe terminantemente e que se há de evitar a todo o custo: «Ninguém deve abeirar-se da Sagrada Eucaristia com consciência de pecado mortal, por muito contrito que pense estar, sem preceder a Confissão sacramental» (cf. Conc. de Trento, Sessão XIII, cap. 7). É inadmissível que por ignorância, leviandade ou sentimentalismo, Jesus volte a sofrer o beijo hipócrita de um Judas traidor.

bem está em mim, mas não está o fazê-lo. Com efeito, não faço o bem que quero, e sim o mal que não quero [...]. Por conseguinte, tenho em mim esta lei, que, querendo fazer o bem, é o mal que se me apega. Porque me deleito na lei de Deus, segundo o homem interior; mas sinto outra lei em meus membros, a qual repugna à lei da minha mente e me acorrenta à lei do pecado. E termina com uma súplica sentida: *Infeliz de mim! Quem me libertará deste corpo de morte?* (Rom 7, 21-25). Não poderia dizer o mesmo cada um de nós?

Não poderia dizê-lo a dona de casa que, apesar do propósito sério de ser mais paciente com os familiares, sempre acaba por ceder aos nervos? E o estudante que, no início do ano, decide sinceramente não deixar os seus trabalhos para o último momento, e que termina uma vez mais vendo-se obrigado às correrias de fim de ano? E também não poderia acrescentar outro tanto quem tem qualquer vício e, mesmo estando disposto a abandoná-lo, depois de algum tempo vai pouco a pouco caindo nos abusos de sempre? Quereriam mudar e agir bem, mas não têm forças. Encontrá-las-iam na Confissão.

Quem se confessa de um determinado pecado, embora continue a sentir-se inclinado a ele, recebe uma poderosa ajuda para lutar contra essa inclinação em concreto. O sacramento da Penitência ataca as raízes mais profundas das faltas que se confessam e concede graças atuais abundantes para os momentos de luta. Se perseveramos no esforço por vencer-nos, confessando-nos com frequência, gradualmente vamos ganhando forças, até que, por fim, conseguimos superar a má inclinação e mudamos: conseguimos mover-nos.

Um verdadeiro milagre, pois só raramente as pessoas mudam. Já reparamos que, sem a ajuda de Deus, conseguimos apenas mudanças superficiais? Por mais que nos esforcemos, os defeitos permanecem os mesmos e, com o tempo, longe de se desarraigarem, tendem a cristalizar cada vez mais. Só a graça da Confissão é capaz de livrar-nos da paralisia espiritual.

Confere a graça santificante

Jesus veio para nos conceder uma vida nova, sobrenatural, participação da própria vida divina. A isso se referia quando afirmava: *Eu vim para que tenham vida, e a tenham em abundância* (Jo 10, 10). Se alguém deseja, se tem sede, *venha a mim e beba [...], e rios de água viva brotarão das suas entranhas* (Jo 7, 38). Veio enriquecer as nossas faculdades superiores com o poder de atingir os mistérios insondáveis de Deus, tornando-nos íntimos dEle. E, para isso, dá-nos a graça, que é o princípio de toda a atividade sobrenatural. No Batismo, concede-a pela primeira vez, e nos restantes sacramentos intensifica-a. Na Confissão, além de intensificá-la, dá-nos a oportunidade de recuperá-la, se a perdemos por um pecado grave.

Este é, pois, o principal efeito do sacramento da Penitência: conferir novamente a graça santificante, causar na alma sem vida sobrenatural uma ressurreição semelhante à de Lázaro, narrada pelo quarto Evangelho (cf. Jo 11, 17-44).

Lázaro morrera havia quatro dias; seu corpo, reduzido a cadáver, já cheirava mal. Parecia inútil qualquer tentativa de recuperação. Mas, a uma simples ordem de Jesus, ressuscitou. Quando alguém está afastado de Deus, mesmo que se encontre nessa situação há muitos anos, mesmo que se sinta incapaz de rezar, por mais corrompido que esteja por costumes errôneos, basta uma boa confissão para restituir-lhe a vida de relacionamento com Deus, ressuscitando-lhe a alma pela graça.

E, com a graça santificante, voltamos a participar daquela força espiritual que moveu os grandes santos. Recuperamos as virtudes sobrenaturais. Recebemos a fé, e com ela a luz para vermos os acontecimentos com perspectiva de eternidade. Recebemos a esperança, que nos leva a confiar na ajuda de Deus para empreendermos o caminho rumo às mais elevadas metas que Ele mesmo nos propõe. Recebemos também a caridade, que nos faz capazes de amar como Cristo amou. Recuperamos os dons do Espírito Santo e a docilidade às inspirações de Deus. Voltamos a ouvir a sua voz. Readquirimos a ousadia

de dirigir-nos a Ele pessoalmente, sem ano-
nimato, de tu a tu. É toda uma vida que se
recupera. Não era à toa que o Senhor dizia a
Maria, irmã de Lázaro: *Eu sou a ressurreição
e a vida; quem crê em mim, ainda que morra,
viverá* (Jo 11, 25).

ALGUNS OBSTÁCULOS

Uma pessoa afastada da prática religiosa, que chegue a convencer-se da conveniência de fazer uma boa confissão, pode tropeçar em alguns obstáculos. Por um lado, é possível que não se sinta com o mínimo de fé necessário. Por outro, talvez ache que o seu desejo de mudar não é suficiente para solicitar o perdão divino com sinceridade. E, finalmente, pode desanimar por não saber fazer o exame de consciência ou por já não se lembrar bem dos ritos do sacramento. Deve superar esses obstáculos.

Confissão e fé

Objetava certo penitente às instâncias do sacerdote: «Eu estaria disposto a confessar-me, mas não tenho fé. Tenho muitas dúvidas de fé. Precisaria primeiro resolvê-las. Depois, sim, poderia confessar-me». E o sacerdote, sabendo que essa pessoa tinha apenas uma fé enferma, insistia no contrário: devia confessar-se primeiro para depois resolver as suas dúvidas. Prevaleceu o sacerdote. O penitente confessou-se, e depois... já não tinha nenhuma dúvida.

Ninguém vacile em confessar-se por pensar que perdeu o sentido vivo da fé. Experimente fazê-lo, mesmo que lhe pareça estar representando uma comédia, pois nessa «comédia» não há nenhuma hipocrisia. Verá que, na realidade, nunca tinha deixado de ter fé.

Com efeito, mesmo que nos tenhamos afastado muito de Deus, muitas vezes não perdemos a fé, porque a fé é um dom dEle e não um triunfo nosso. Só é possível perdê-la por um pecado grave cometido diretamente contra ela. A não ser em caso de incredulidade formal, de apostasia ou de heresia, a maior parte das vezes conservamos a fé. Se ela não influi na nossa vida, se não a «sentimos», é simplesmente porque está enterrada sob o monte de lixo que lhe jogamos em cima. Está lá, mas abafada pelos nossos pecados. Quando os removemos..., ela aparece.

Também não tem nenhuma importância que ainda não compreendamos inteiramente a razão pela qual determinada conduta é pecaminosa. Basta que confiemos na palavra de Deus, tal como a transmite o ensinamento oficial da Igreja, e que estejamos dispostos a agir como Deus manda. Depois entenderemos de modo pleno. De momento, isso não é possível pela falta de retidão da nossa vida, pois a falta de retidão obscurece a luz da fé. Quem vive desordenadamente, não compreende a regra. Compreendê-la-á quando se tiver corrigido. A Confissão, ao devolver-nos a retidão de vida, devolve-nos também a clareza da fé e o sentido sobrenatural.

Assim, quem se confessa, além de experimentar um grande alívio na consciência, sente-se como se tivesse saído de um túnel escuro para abrir-se a um dia de sol radiante. Abandona o ambiente sombrio e rarefeito do subjetivismo, da solidão, dos ressentimentos, das perplexidades, da contradição, da falta de sentido e da tristeza. E compreende «o esplendor e a segurança e o calor do sol da fé»[20]. Percebe que, ao contrário do que lhe sugeria o orgulho pessoal, não passa de uma pobre criatura, mas de uma criatura protegida por Deus. Sente que o próprio Deus o ama, e abrasa-se nesse amor.

Além do mais, quem chega a adquirir o hábito de confessar-se periodicamente, valendo-se das sucessivas avaliações feitas sobre o seu comportamento nas diferentes confissões, e valendo-se sobretudo da graça, vai adquirindo a capacidade de julgar, certeiramente, à luz da fé, as situações concretas da vida. Adquire a virtude sobrenatural da prudência. Aprende a não se deixar influenciar sem discernimento pelas oscilações da sua emotividade, pela pressão da opinião da maioria, pelo bombardeio de slogans dos meios de comunicação ou pelos costumes do ambiente.

Confissão e mudança de vida

Para podermos confessar-nos validamente e receber o perdão de Deus, é evidentemente necessário que estejamos dispostos a retificar o nosso comportamento. Ou seja, é preciso que repudiemos o erro cometido, chegando a uma disposição da vontade tal que, se voltássemos a encontrar-nos nas circunstâncias em que o cometemos, não tornaríamos a cometê-lo. Também é preciso que estejamos decididos a evitar todas as ocasiões de pecado: *Se o teu olho direito te escandaliza, arranca-o e lança-o longe de ti,* manda Jesus explicitamente (Mt 5, 29). E no caso de termos praticado uma injustiça contra alguém, há a obrigação de restituir ou reparar. Além disso, muitas vezes, será necessário romper com situações de vida irregulares, que podem chegar a ser bem complexas, quando não nos confessamos há muito tempo.

Se não fosse assim, não haveria sinceridade no nosso arrependimento, pois o propósito de não voltar a pecar é parte essencial da contrição. Não se trata de sentimentos, mas de efetivas disposições da vontade.

Ora, isso pode não ser nada fácil. Talvez não nos sintamos com coragem para uma mudança que afetará a fundo o nosso estilo de vida. É possível que ainda não nos sintamos preparados para quebrar os laços do comodismo, da sensualidade, da avareza, etc. E, por mais que desejemos fazê-lo, provavelmente não nos parecerá que sejamos capazes de evitar, para o futuro, todo e qualquer tipo de reincidência no erro. Sentimo-nos fracos e prevemos que, ainda que nos esforçássemos ao máximo, voltaríamos a cair.

A esta dificuldade deve-se responder afirmando, em primeiro lugar, que não é preciso esperar ter uma decisão de emenda absolutamente perfeita e segura para procurar a Confissão. Basta o desejo sincero de voltarmos a aproximar-nos de Deus e de começarmos a retificar e a lutar de verdade. Ele nos ajudará a alcançar as disposições indispensáveis.

Por outro lado, convém não esquecer que a perfeita contrição é efeito da graça. A firmeza nos nossos propósitos é, em certo sentido, mais dom de Deus do que conquista nossa. Se chegamos a comprometer-nos com Deus a não mais pecar, fazemo-lo contando humildemente com o auxílio das suas graças. Sozinhos, valendo-nos apenas das nossas forças, evidentemente não o conseguiríamos, mas, com Ele, e mais concretamente com as graças que nos confere através do sacramento, tudo podemos.

E, finalmente, é preciso lembrarmo-nos de que, no caso de fraquejarmos e voltarmos a cair, apesar da sinceridade do propósito e do esforço por evitar a queda, podemos contar com a reiteração da confissão. Aliás, não é de estranhar que um doente crônico precise de várias aplicações do remédio para curar-se por completo.

Em resumo, quem vai confessar-se pela primeira vez, ou depois de muito tempo, sente-se confuso, inseguro. Normalmente, embora tenha começado a arrepender-se, ainda está vacilante, pouco convencido de que valha a pena mudar e sem coragem para enfrentar as dificuldades que a conversão traz consigo. Não importa. Pouco a pouco, com as sucessivas confissões, a sua boa vontade irá firmando-se. E passado algum tempo, depois de ter conseguido retificar a fundo o seu comportamento, chegará a odiar o pecado e a experimentar por ele uma repulsa que pode chegar a ser quase física.

Não é complicado

Se alguém não se confessa há muito tempo e já esqueceu os ritos da Confissão, ou se sente dificuldade para fazer o oportuno exame de consciência, não se preocupe.

A cerimônia da Confissão é breve e simples. Não é preciso saber nenhuma fórmula ou oração de cor. O próprio sacerdote nos vai indicando a sequência das coisas a fazer. E o exame de consciência também não é problema. Basta que, depois de termos procurado fazê-lo bem, peçamos a ajuda do padre e ele nos irá orientando, ou perguntando na hora a respeito dos diferentes tipos de pecado que possamos ter cometido, explicando-nos, além disso, quaisquer dúvidas que possamos ter.

Podemos estar tranquilos. Ir confessar-se é como ir a um médico amigo e muito experiente. Com um simples bater de olhos ele já intui as nossas queixas e faz as perguntas necessárias. Nenhum sintoma o assusta. Faz os exames pertinentes, acerta o diagnóstico e nos receita o remédio exato. Assim sendo, para nos confessarmos, basta abordarmos um bom sacerdote, da nossa confiança, e dizer-lhe: «Quero confessar-me». Ele nos ajudará a firmar as nossas disposições, a ser sinceros, a fazer uma confissão íntegra, e a ficar preparados para receber a absolvição.

Será fácil. Em breve tempo estará resolvido. Restará uma penitência por cumprir, que sempre estará dentro das nossas possibilidades, e que ficará muito aquém daquilo que, por justiça, deveríamos pagar pelos nossos pecados. A diferença já foi saldada pelo sangue de Cristo na Cruz.

NA PRÁTICA:
COMO CONFESSAR-SE

Quando

Antes de tratarmos propriamente do modo de se fazer uma boa confissão, convém dizer algumas palavras sobre quando devemos confessar-nos. É preciso confessar-se sempre que se tiver a infelicidade de cometer um pecado mortal. Se possível, imediatamente, pois estando afastados de Deus, seria ilógico deixarmos passar o tempo sem pedir-lhe perdão.

Quem de nós, após uma desavença séria com uma pessoa querida, seria capaz de dormir à noite sem antes pedir-lhe desculpas e fazer as pazes com ela? Ora, todo o pecado mortal é uma ofensa a Deus séria, e, quer nos demos conta, quer não, provoca a ruptura da nossa amizade com Ele. Por isso, se temos um mínimo de amor a Deus, faremos questão de reconciliar-nos com Ele quanto antes, se nos pesa na consciência algum pecado desse tipo.

Além do mais, é importante não adiar a Confissão porque o arrependimento é uma graça de Deus que não podemos desperdiçar. Se agora o Senhor nos inspirou o desejo de recorrer ao sacramento, é preciso seguir logo essa inspiração. Quem garante que teremos uma outra oportunidade? *Se hoje ouvirdes a sua voz, não queirais endurecer os vossos corações* (Hebr 3, 7-8).

Por outro lado, é muito recomendável confessarmo-nos com frequência, independentemente de termos cometido pecados graves. Se não o fizermos, acomodamo-nos nos nossos defeitos, a vida de relação com Deus estagna-se e até vamos piorando pouco a pouco.

Com efeito, é preciso contar com a nossa fraqueza. Por mais boa vontade que tenhamos, mesmo que sejam muito sinceros os nossos desejos de superar os nossos defeitos, é inevitável que caiamos diariamente em muitas faltas, que, de ordinário, não serão graves, mas que com frequência constituem pecados veniais: concessões à preguiça, movimentos consentidos de irritação, pequenas inverdades conscientes, etc.

Pois bem, essas quedas não têm muita importância se logo nos arrependemos delas, nos confessamos e tratamos de retificar. Esses tropeços são perfeitamente compatíveis com um esforço honesto por melhorar e com um efetivo progresso espiritual. Caímos uma e outra vez, mas levantamo-nos imediatamente e retomamos o caminho, não deixando de avançar.

No entanto, se não nos confessássemos periodicamente, a nossa consciência iria perdendo mais facilmente a sensibilidade, repetiríamos com frequência cada vez maior as mesmas faltas e chegaríamos a acostumar-nos a elas. Adquiriríamos o hábito de ser grosseiros com Deus. E isto é muito pernicioso porque, como é bem sabido, as grosserias habituais deterioram o relacionamento mais do que uma ofensa grave isolada e prontamente retificada. A confissão assídua

87

é, pois, a melhor ajuda que Deus nos dá para a luta diária contra os nossos defeitos, porque, além de fortalecer-nos pela graça sacramental, garante que se mantenha a delicadeza de consciência.

Mas, então, com que periodicidade é conveniente confessar-se? A Igreja, como mãe boa que zela pela saúde espiritual dos seus filhos, estabelece a obrigação de confessar os pecados mortais pelo menos uma vez por ano. Se não respeitarmos esse mínimo, além de inevitavelmente cairmos na acomodação, estaremos desobedecendo em matéria grave e cometendo, portanto, mais um pecado grave. Mas aqui não estamos falando de mínimos, pois quem ama não é calculista. Queremos saber o melhor. Qual a frequência ideal?

A resposta varia segundo os casos, e, por isso, seria bom que cada um fizesse esta pergunta ao sacerdote com quem costuma confessar-se. Ele terá elementos para responder de modo acertado. De qualquer maneira, pode-se adiantar que nenhum confessor experiente recomendará uma frequência inferior a uma vez por mês para quem estiver empenhado em viver uma vida autenticamente cristã.

A preparação: o exame de consciência

Para se fazer uma boa confissão é preciso preparar-se. Caso contrário, chegado o momento de acusar-nos, dificilmente seríamos capazes de lembrar-nos — como é necessário, ou conveniente — de todos os pecados cometidos desde a última confissão válida. E, pior ainda, com muita probabilidade, não estaríamos suficientemente arrependidos. Por isso, é preciso que, antes de recebermos o sacramento, façamos um balanço sereno e profundo da nossa vida, um bom exame de consciência.

É certo que, se sentirmos dificuldade em realizar essa tarefa sozinhos, podemos contar com a ajuda do sacerdote no próprio momento da confissão. Mas seria uma leviandade que, por simples preguiça, deixássemos de fazer por nossa conta tudo o que está ao nosso alcance.

Não se alegue falta de tempo, porque não é necessário estender-se demais. Profundidade não é o mesmo que demora. Até a mais ocupada das pessoas pode dispor com folga do tempo necessário para um exame muito bem feito.

Quem quiser fazer um bom exame de consciência deve, antes de mais nada, colocar--se na presença de Deus, numa atitude humilde. Deve, pois, começar o exame com um ato explícito de fé na presença de Deus e com um ato explícito de humildade.

De algum modo, Deus está sempre junto de nós, no mais íntimo do nosso ser, mas em geral não nos damos conta da sua presença: Ele está conosco, mas nós não estamos com Ele. O ato de presença de Deus tem precisamente a finalidade de tornar-nos conscientes dessa sua presença.

Podemos procurar um lugar silencioso, de preferência junto ao Sacrário de uma igreja ou no recesso do quarto, e deixar que o silêncio penetre na alma, aquietando sentimentos, inteligência e vontade. E então fazer um ato de fé, para nos encontrarmos com Deus no silêncio da nossa intimidade.

Já na presença de Deus, é preciso assumir a atitude humilde do publicano que, no fundo do Templo, *não se atrevia a levantar os olhos ao céu, mas batia no peito dizendo: «Ó Deus, sê propício a mim pecador!»* (Lc 18, 13). Da maneira que nos for mais sugestiva, temos de considerar que ofendemos o Senhor e que poderíamos ter cometido os mais graves pecados se Ele não nos tivesse protegido; abandonar os ressentimentos e as queixas, com relação à vida e aos outros, e pensar: «Não serei eu o culpado?», «Será que não era eu quem estava enganado?» Assim evitaremos as falsas presunções e a superficialidade.

Ajuda muito pedir luzes a Deus. *Senhor, que eu veja* (Lc 18, 41), — podemos dizer-lhe, com as palavras do cego de Jericó. *Enviai a vossa luz e a vossa verdade* (Sl 42, 3). E pedir-lhe que dirija para nós o seu olhar carinhoso, sereno e cheio de verdade, que torna a alma transparente. Porque somente sob o olhar de Deus estaremos em boas condições para fazer o nosso balanço, vendo-nos como Deus nos vê. Não nos esqueçamos de que foi no olhar de Cristo que Pedro viu o seu pecado e se arrependeu.

Estava cego. Tinha traído Jesus, negando-o uma vez e depois outra e mais outra. E nem se dera conta de todo o alcance daqueles gestos. Estava acovardado, transtornado. Mas, em determinado momento — conta S. Lucas —, *virando-se o Senhor, olhou para Pedro*, e então Pedro caiu em si, *lembrou-se da palavra do Senhor quando lhe havia dito «antes que o galo cante hoje, negar-me-ás três vezes», e, saindo fora, chorou amargamente* (Lc 22, 61-62). Compreendeu com clareza a maldade das suas negações e arrependeu-se de todo coração. Também no nosso caso, é sob o olhar de Deus que enxergamos os nossos pecados e nos arrependemos a fundo.

O exame de consciência não pode ser uma simples introspecção. Sem o estímulo e o aconchego do olhar do Médico divino, não teríamos coragem de vasculhar a nossa consciência com a profundidade necessária para determinar nitidamente toda a extensão da nossa doença espiritual. Sentiríamos medo de descobrir talvez um mal avançado demais, aparentemente incurável. E nos sentiríamos também muito envergonhados, humilhados com a baixeza do nosso comportamento. Mas, sob o olhar de Jesus, a alma se enche de luz e de serenidade; e então podemos tratar de descobrir de que coisas em concreto a consciência nos acusa, começando o exame propriamente dito.

Neste ponto, não há regras gerais; o modo ideal de proceder varia muito. Depende do temperamento da pessoa — se é mais ou menos reflexivo —, dos seus deveres de estado, da sua idade e, principalmente, da frequência com que se confessa.

Quem não se confessa com frequência deve fazer um exame mais abrangente. É bom que se examine pormenorizadamente sobre o cumprimento dos Dez Mandamentos da lei de Deus e dos cinco Mandamentos da Igreja. Deve procurar sobretudo as faltas graves, para não esquecer nenhuma, pois quem não se confessa habitualmente costuma cometê-las e facilmente poderia esquecer-se delas por falta de delicadeza de consciência.

Já os que se confessam com frequência devem examinar-se mais detidamente dos possíveis pecados veniais, porque via de regra é raro que cometam pecados mortais e, se chegam a cometê-los, é praticamente impossível que os esqueçam. Pode ser interessante irmos percorrendo a lista dos pecados capitais, tratando de recordar as ocasiões em

93

que nos deixamos levar pela soberba, pela avareza, pela luxúria, pela ira, pela gula, pela inveja ou pela preguiça.

De qualquer modo, é muito importante fugir do subjetivismo. O exame nunca deve consistir numa avaliação dos nossos estados de ânimo. Para efeitos da Confissão, interessa pouco verificar se estamos deprimidos ou eufóricos, sentindo-nos desta ou daquela maneira. O que importa é determinar em que ocasiões ofendemos objetivamente a Deus com os nossos atos, contrariando a sua santa vontade, independentemente da impressão subjetiva que eles nos tenham produzido. Portanto, não basta limitarmo--nos a recordar aquelas ações de que sentimos remorsos. Talvez possamos começar por aí, mas é preciso mais. O exame é especialmente útil para tomarmos consciência dos pecados de que ainda não sentimos remorsos.

Finalmente, quer se confesse com frequência, quer não, cada um tem de encontrar o esquema de exame que mais o ajude. Há muitos roteiros preparados, disponíveis nos devocionários, que podem servir de orientação. Mas não percamos de vista que se aprende a nadar nadando: é examinando-nos muitas vezes que aprendemos a fazer bem o exame.

A contrição

O objetivo mais importante do exame de consciência é alcançar a contrição dos pecados cometidos. Devemos chegar à Confissão arrependidos de ter ofendido a Deus, com o propósito de emendar-nos. Sem isso, de nada valeria o sacramento, pois Deus só nos perdoa quando estamos verdadeiramente arrependidos. Vale, pois, a pena passar em revista as principais características da contrição e indicar alguns meios para se chegar a ela.

A contrição pode ser definida como «um pesar de coração e detestação do pecado cometido, com o propósito de nunca mais cometê-lo». Ter contrição de um pecado significa, pois, deplorar o fato de o termos cometido, de tal maneira que, se pudéssemos voltar atrás, não tornaríamos a cometê-lo.

Quando a razão pela qual detestamos o pecado é o desgosto produzido pela intrínseca maldade da ação pecaminosa ou o temor do justo castigo divino, a contrição chama-se imperfeita. Quando, pelo contrário, o que nos leva a deplorar o pecado é uma razão exclusivamente de amor, de amor ao nosso Pai-Deus a quem se ofende pelo pecado, a contrição chama-se perfeita. Sem dúvida, a contrição perfeita é muito mais nobre e desinteressada, mas não podemos desprezar a imperfeita, porque também ela é moralmente boa e suficiente para se receber o perdão de Deus no sacramento da Penitência.

Mas a verdadeira contrição, seja ela perfeita ou imperfeita, deve ter as quatro características enumeradas pelo Catecismo: há de ser interior, sobrenatural, suprema e universal. *Interior*, porque não basta que deploremos externamente o pecado, se internamente ainda estamos apegados a ele. *Sobrenatural*, porque na raiz do nosso arrependimento deve estar uma razão de fé; não seria suficiente, por exemplo, o arrependimento de quem sentisse ter-se embriagado apenas pelo desconforto da ressaca que o espera no dia seguinte. *Suprema*, porque a verdadeira contrição se dá somente quando chegamos a preferir sofrer qualquer coisa a voltar a pecar. E, por fim, *universal*, porque deve estender-se necessariamente a todos os pecados mortais cometidos; quem não estivesse arrependido de um determinado pecado mortal, na realidade não estaria arrependido de nenhum outro, por mais que lhe parecesse o contrário (cf. nota à página 42).

Já se vê, após esta descrição sumária das características do verdadeiro arrependimento, que parece difícil alcançá-lo. Para isso, precisamos sem dúvida da ajuda da graça de Deus; mas, da nossa parte, que podemos fazer?

Primeiro, evitar as generalidades. De ordinário, ninguém se arrepende de ter sido, por exemplo, preguiçoso em geral. O que nos causa pesar é termos sido preguiçosos ao trabalhar com pouca intensidade em tal ou qual ocasião, termo-nos recusado a prestar aquele pequeno serviço bem determinado que nos pediram em casa, ou termos adiado, sem motivo, a tarefa que nos parecia mais ingrata.

Interessa também procurar as raízes das nossas faltas. Quem, no exame de consciência, apenas registrasse com frieza as suas faltas, encarando-as como se fossem simples falhas técnicas na execução de um projeto, dificilmente chegaria à contrição. Quando muito, conseguiria lamentá-las com irritação. Importa ir mais fundo, descobrir todo o mal que se esconde por trás dessas falhas, buscando as suas causas.

Na raiz, por exemplo, de inúmeras implicâncias que temos no relacionamento com as pessoas mais próximas, costuma estar a recusa orgulhosa a compreender os seus defeitos, ou a presunção ainda mais orgulhosa de que, sempre que as atitudes dos outros nos desagradam, é porque estão erradas. Se nos dermos conta disso, já teremos meio caminho andado para a contrição.

Depois, ajuda muito procurar notar quanto temos sido ingratos com Deus. Mais do que deter-nos na consideração de todos os aspectos da maldade do nosso comportamento, o que é preciso é tomar consciência de toda a bondade de Deus para conosco. Esquecemo-nos muito facilmente dos seus magníficos dons: a vida, com o seu colorido variadíssimo, todos os bens de que dispomos, o carinho daqueles que nos estimam, tantos momentos de alegria que experimentamos, o perdão divino que nunca nos foi negado, etc. Deus é tão bom comigo, e eu tenho sido tão ruim com Ele!... É este contraste que leva ao arrependimento. Debruçar-nos sobre a fossa negra da maldade do nosso coração? Sim, mas principalmente levantar os olhos da alma para as alturas da bondade de Deus. Isto é o que importa.

Por último, possivelmente a melhor maneira de atingir a contrição seja meditar com frequência na Paixão de Cristo, pois é aí que o contraste a que acabamos de nos referir se torna mais patente. A maldade dos nossos pecados aparece nas suas mais graves consequências: é causa da tremenda morte do Senhor... E a misericórdia de Deus manifesta o seu extremo: para salvar-nos, Jesus aceita plenamente os mais duros sofrimentos sem queixa, vai à Cruz como ovelha muda ao matadouro, e lá permanece como cordeiro na mão dos tosquiadores. São incontáveis os testemunhos, ao longo de toda a história do cristianismo, daqueles que passaram pela mais completa conversão meditando na Paixão do Senhor: corações de pedra que se transformaram em corações de carne, cheios de arrependimento.

O propósito de emenda

A contrição é fundamentalmente um ato da vontade. Às vezes repercute nos sentimentos, às vezes não. E nem por isso estamos menos arrependidos. De modo que ninguém se aflija por não sentir um grande arrependimento. Isso não quer dizer que não estejamos contritos. Aliás, muitas vezes o arrependimento que faz alarde de lágrimas e de tristeza é mais superficial que o pesar sereno, que flui como rio manso e caudaloso.

Também não devemos impressionar-nos se ainda nos sentimos atraídos pelo pecado. É difícil deixar de sentir, de um momento para outro, o atrativo dos pecados decorrentes da desordem das paixões, principalmente quando adquirimos o mau hábito de praticá-los com frequência. Mas sentir não é o mesmo que consentir; pode perfeitamente acontecer que, ao lembrarmo-nos do bolo de chocolate de que abusamos ontem, sintamos que nos vem água à boca, apesar de estarmos realmente arrependidos do nosso ato de gula e dispostos a não repeti-lo mais. Em última análise, o decisivo sempre é a posição da vontade: se ela repele o pecado, pouco importa o que sintamos.

Portanto, a melhor medida da efetividade da contrição é a firmeza do propósito de emenda. Este sim, e não os sentimentos, constitui um sinal certo do autêntico arrependimento. *Vai, e não tornes a pecar* (Jo 8, 11), disse Jesus à mulher adúltera que acabava de perdoar. E é isto mesmo que Ele nos diz quando lhe apresentamos no íntimo da consciência o nosso arrependimento. Por isso, quem sinceramente deplora um erro cometido usa de todos os meios para não voltar a cometê-lo.

O propósito de emenda inclui, portanto, em primeiro lugar, a decisão de abandonar imediatamente qualquer situação de pecado em que nos encontremos. Assim, por exemplo, um católico que se tenha filiado a uma seita à margem da Igreja só estará arrependido do seu pecado, e portanto com a disposição necessária para a Confissão, quando tiver decidido abandoná-la sem mais demoras. Não basta que lamente ter aderido à seita, ou que esteja disposto a deixá-la num futuro indeterminado*. O mesmo poderia dizer-se do homem que tem uma amante, ou do dono de uma livraria que oferece ao público livros imorais, ou da mulher que usa D.I.U.

O propósito de emenda inclui também a determinação de reparar a injustiça que eventualmente se tenha cometido ao pecar. Quem caluniou, por exemplo, não poderá receber a absolvição se não estiver disposto a desmentir-se diante de todos aqueles entre os quais espalhou a sua calúnia. E quem

---

(*) Com data de 26 de novembro de 1983, a Congregação para a Doutrina da Fé deu a público uma declaração em que se esclarece que «os fiéis que pertencem às associações maçônicas estão em estado de pecado grave e não podem aproximar-se da Sagrada Comunhão», pois os princípios dessas instituições foram sempre considerados inconciliáveis com a doutrina da Igreja; por isso, permanece proibida a inscrição nessas associações.

roubou só estará verdadeiramente arrependido quando se decidir a devolver aquilo que roubou ao seu legítimo dono (ou a dar-lhe algo de valor equivalente se, por qualquer motivo, a devolução não é possível).

O propósito de emenda inclui ainda a decisão de afastar as ocasiões de pecado. Em outras palavras, a decisão de remover as circunstâncias capazes de induzir-nos a pecar. Para um viciado em drogas, por exemplo, a convivência com outros drogados é uma ocasião de pecado que ele deverá evitar.

É claro que a sinceridade do arrependimento exige que se evitem todas as ocasiões próximas de pecado, ou seja, todas as ocasiões que facilmente podem levar-nos a pecar. Somente a existência de razões muito sérias nos autorizariam a não nos afastarmos de alguma ocasião próxima. Assim, por exemplo, o policial, por exigência da sua profissão, não precisa deixar de usar armas, mesmo que este fato represente para ele uma ocasião próxima de ser indevidamente violento. Mas, pelo contrário, quem estiver lendo um livro por mera diversão, e perceber que a sua leitura lhe está provocando fortes tentações, deve interrompê-la na mesma hora, sob pena de já estar pecando pelo simples fato de não fazê-lo. Com efeito, correr inutilmente o risco de pecar já é um pecado, mesmo que não cheguemos a cair na tentação.

Mas outro é o caso das ocasiões remotas. Trata-se aqui daquelas ocasiões que só eventualmente poderiam induzir-nos a pecar. Neste caso, a generosidade convida-nos a afastá-las se não existe nenhum motivo para permanecermos nelas. No entanto, não temos obrigação estrita de fazê-lo.

Para terminar, uma advertência sobre a disposição de lutar por adquirir as virtudes opostas aos nossos pecados, coisa que decorre naturalmente da contrição sincera. Também aqui é preciso fugir das generalidades. A nossa boa vontade deve concretizar-se em pequenos propósitos bem definidos, para não permanecer inoperante. Seria ingênuo, por exemplo, que, para combater os nossos acessos de ira, nos propuséssemos simplesmente ser mais pacientes, sem outras determinações. Um propósito vago como esse costuma ser inútil. O razoável seria fazer alguns propósitos como o de rezar diariamente pelas pessoas que nos irritam, ou de cortar a imaginação sempre que nos apeteça ficar ruminando sobre as impertinências do comportamento alheio, ou de nunca corrigir enquanto permanece a indignação pela falta cometida, etc. Os pequenos propósitos concretos têm o efeito de «canalizar» os nossos bons desejos de emenda, tornando-os operativos.

Os ritos da Confissão

Como já dissemos antes, o rito da Confissão é muito simples. Por isso, não é preciso descrevê-lo em pormenor. Basta ressaltar alguns pontos mais importantes que poderiam suscitar dúvidas.

Quanto ao lugar para receber o sacramento, o mais próprio é confessar-nos sempre que possível num recinto sagrado: concretamente, numa igreja ou oratório. Deste modo, manifesta-se adequadamente o caráter sagrado do rito que se celebra. No entanto, havendo uma razão plausível, a Confissão pode realizar-se em qualquer outro lugar. Seja como for, principalmente para mulheres, é muito recomendada pela Igreja a utilização de um confessionário. Assim, tanto elas como os sacerdotes terão toda a liberdade para tratar dos assuntos mais delicados sem nenhum constrangimento. E fica garantida ao penitente a possibilidade de confessar-se sem ter de revelar ao sacerdote a sua identidade.

Pode parecer que o confessionário cria distância entre o ministro e o penitente, tornando frio o clima da confissão. Na verdade, acontece o contrário. A barreira física que o confessionário representa é amplamente superada pela grande proximidade espiritual que favorece. Quem quiser comprovar este fato, basta que faça a experiência: terá uma grata surpresa. Vencida a possível estranheza inicial, quando nos familiarizamos com o confessionário, já não queremos deixá-lo.

Quanto à postura física para se receber o sacramento da Penitência, a lei não prescreve nada taxativamente, mas há um antigo costume que nos aconselha a recebê-lo de joelhos. É bonito que o homem pecador se ponha de joelhos ante o Deus da bondade para pedir-lhe perdão. O gesto de ajoelhar-se é um reconhecimento externo muito significativo da nossa indignidade e da grandeza de Deus, é um ato de humildade muito oportuno. Mas os que tiverem algum reumatismo não se preocupem, porque não se trata de algo necessário. O que realmente importa é a disposição interior.

Após a saudação inicial que for costume no lugar, o rito inicia-se com uma breve leitura facultativa da palavra de Deus. Logo depois, chega-se a uma das partes essenciais do sacramento, com a acusação dos próprios pecados por parte do penitente. Vale a pena que nos detenhamos um pouco neste ponto.

A acusação deve começar com a declaração do tempo transcorrido desde a última confissão. Por exemplo: «Não me confesso há uns cinco anos, aproximadamente». A seguir, é preciso enumerar todos os pecados cometidos desde então.

Os pecados mortais devem ser relatados de modo bem concreto, fornecendo-se o que a teologia chama a sua espécie moral ínfima. Isto é, não basta dizer que pecamos contra a justiça, por exemplo, ou contra o sétimo mandamento, de modo genérico. Assaltar um banco é muito diferente de subornar um funcionário de uma empresa para obter favores, ou de sonegar o imposto de renda. Precisamos explicar claramente o *tipo* («espécie ínfima») de injustiça que cometemos. Se não soubermos classificar um determinado pecado, dizendo a espécie moral a que pertence, sempre resta o recurso de descrevê-lo.

Também é indispensável que declaremos, do modo mais aproximado possível, o número de vezes que caímos em cada espécie de pecado mortal, para que o sacerdote possa avaliar devidamente a gravidade da nossa ofensa a Deus. Se formos capazes de lembrar-nos do número exato, é necessário dar o número exato, mas se, por qualquer razão, não o formos, bastará que façamos uma boa estimativa, a mais precisa que pudermos. A pessoa poderia dizer mais ou menos assim: «Faltei à Missa por volta de uma vez por mês», ou «Cometi adultério mantendo três ou quatro vezes relações com a mulher de um amigo».

E, finalmente, quando houver circunstâncias relevantes que aumentem a gravidade de um pecado mortal que se cometeu, também será preciso relatá-las. Se, por exemplo, uma mentira que dissemos causou um sério dano a outra pessoa, é preciso que mencionemos essa circunstância ao acusar-nos da mentira, pois à malícia da falsidade se acrescentou a injustiça.

Não resta dúvida de que determinadas circunstâncias não têm nenhum interesse para a Confissão porque não modificam em nada a malícia do pecado. É preferível não mencioná-las na nossa acusação, para evitar perdas de tempo. Pouco importa se roubamos numa quarta ou numa quinta-feira, por exemplo, apropriando-nos de uma quantia em libras esterlinas ou em cruzeiros. Há até circunstâncias que não se devem relatar em hipótese alguma. Entre elas, destaca-se a do nome das pessoas que foram cúmplices dos nossos pecados. Não temos o direito de mencioná-las nunca, porque se o fizéssemos estaríamos difamando. Não nos esqueçamos de que somos nós que nos estamos confessando, não elas.

No caso dos pecados veniais, as coisas mudam de figura. Embora seja muito recomendável que nos acusemos deles, não há obrigação de o fazermos para a validade da nossa confissão. Além disso, é suficiente uma acusação genérica. De qualquer modo, para facilitar a nossa contrição e para que os conselhos do sacerdote possam ser mais úteis, é conveniente, como já dissemos antes, dar ao menos alguma especificação dos pecados veniais de que nos acusamos, explicando se os cometemos mais ou menos deliberadamente e apontando, se possível, as causas do nosso comportamento.

Alguns autores resumem as características da acusação bem feita, dizendo que deve ser clara, concreta, concisa e completa. Talvez nos ajude a tê-las sempre em conta o fato de as quatro começarem pela letra c. As duas primeiras não requerem mais explicações, mas será útil comentar um pouco as duas últimas.

Concisa. Uma acusação desnecessariamente longa pode indicar que não fomos objetivos no nosso exame de consciência. Pode também denotar vaidade ou falta de modéstia pessoal. Se falamos muito, é difícil não cair, ao menos veladamente, em justificativas e desculpas que nunca mencionaríamos se a nossa atitude fosse de humilde reconhecimento da própria culpa. É preciso evitar a todo o custo a tentação de querer ficar bem diante do confessor. Não se pense, no entanto, que não se pode ter uma boa conversa com o sacerdote, para contar-lhe as nossas vitórias na luta espiritual, para expor-lhe as nossas preocupações, para pedir-lhe uma orientação precisa a respeito de algum assunto mais intrincado, ou simplesmente para desabafar. Essas conversas são perfeitamente justificáveis e frequentemente muito úteis, mas não devem ser feitas durante a confissão. Podem realizar-se imediatamente antes ou depois dela.

Completa. No que diz respeito aos pecados mortais, a acusação é completa se os declaramos todos sem exceção, bem especificados, acrescentando o número de vezes que os cometemos e as circunstâncias agravantes de que se revestiram, de acordo com o que explicamos acima. Esta é a característica mais importante de uma acusação bem feita. Se voluntariamente fizéssemos uma acusação incompleta dos nossos pecados mortais, a nossa confissão seria inválida e constituiria um gravíssimo pecado de sacrilégio. Não é difícil entender que é muito grave enganar a Deus no próprio momento em que Ele se dispõe a perdoar-nos, oferecendo-nos o seu abraço paterno.

Seria portanto uma enorme tolice deixar de confessar algum pecado mortal, por vergonha. Não obteríamos nenhum perdão e ainda cometeríamos um novo pecado, possivelmente muito mais grave que aquele que se omitiu. A sinceridade absoluta na Confissão é vital. Por isso, se algum pecado nos causa especial vergonha, vale a pena começarmos por acusar-nos precisamente dele. Quando começamos pelo que mais nos custa, tudo se torna mais fácil depois e não corremos o risco de cometer um sacrilégio por fraquejar na sinceridade ao longo da acusação. Além do mais, por que haveríamos de ceder à vergonha, se o sacerdote nunca se escandaliza de nada, se nos ouve com todo o carinho e respeito, principalmente quando temos de fazer um esforço de sinceridade? De qualquer maneira, se alguém tiver consciência de ter feito confissões sacrílegas, deve preparar uma confissão geral, na qual se acuse desses sacrilégios e de todos os pecados mortais cometidos desde a última confissão válida.

Completamente diferente é o que acontece quando sem querer, por esquecimento, deixamos de acusar-nos de um pecado grave. Neste caso, não há nenhum sacrilégio e, se no momento de nos confessarmos estávamos arrependidos do pecado esquecido, a Confissão é válida e perdoa-nos também desse pecado. Resta apenas a obrigação de nos acusarmos dele depois, na primeira confissão que fizermos, explicando que se tratou de um esquecimento involuntário.

Terminada a nossa acusação, é possível que o sacerdote nos faça uma ou outra pergunta breve para esclarecer algum ponto em que não nos tenhamos explicado bem. A seguir, dar-nos-á alguns conselhos para lutar contra os pecados de que nos acusamos. E depois nos indicará a penitência que deveremos cumprir mais tarde.

A penitência pode variar muito. Talvez nos peçam que meditemos uma passagem do Evangelho ou que rezemos algumas orações. Também é possível que nos mandem realizar uma determinada obra de misericórdia ou fazer uma mortificação. Seja como for, sempre se tratará de algo simples e acessível, que convém cumprir imediatamente depois de terminada a confissão.

É claro que a aceitação da penitência é indispensável para que a confissão seja válida. Se alguém, ao confessar-se, não tivesse a intenção de cumpri-la, na realidade não receberia o perdão dos seus pecados. E que dizer de quem teve essa intenção ao receber o sacramento, mas, talvez por desleixo, acabou por adiar o momento de cumpri-la e por esquecer o assunto? Essa pessoa recebeu o perdão sacramental validamente, mas fica com a obrigação de cumprir o que lhe foi mandado tão logo se lembre da sua omissão.

Já estamos a ponto de terminar. O sacerdote pede que manifestemos o nosso arrependimento. Podemos fazê-lo de qualquer modo. O mais fácil será que recitemos o ato de contrição que aprendemos no Catecismo para a primeira Eucaristia, ou uma jaculatória como esta: *Senhor, Tu sabes tudo; Tu sabes que eu te amo* (Jo 21, 17). Mas é bom saber que a manifestação da contrição não precisa ater-se a nenhuma fórmula fixa.

Então ficamos em silêncio, em diálogo íntimo com Deus, reafirmando-lhe o nosso amor, pedindo-lhe perdão, agradecendo-lhe a sua misericórdia. Entretanto, o sacerdote recita a fórmula da absolvição: «Deus, Pai de Misericórdia, que, pela morte e ressurreição de seu Filho, reconciliou o mundo consigo e enviou o Espírito Santo para remissão dos pecados, te conceda, pelo ministério da Igreja, o perdão e a paz. E eu te absolvo dos teus pecados, em nome do Pai e do Filho e do Espírito Santo». — «Amém», responde o penitente. — «[...] Vai em paz!»

APÊNDICE

Exame de consciência
para a confissão de adultos

A CONFISSÃO PRECEDENTE

* Há quanto tempo confessei-me pela última vez? Deixei de confessar algum pecado grave? Cumpri a penitência?

PRIMEIRO MANDAMENTO: «AMAR A DEUS SOBRE TODAS AS COISAS»

* Tenho posto em dúvida ou negado deliberadamente alguma verdade de fé? Li livros, revistas ou jornais que vão contra a fé? Dei-os a ler a outras pessoas?
* Desesperei da minha salvação ou abusei da confiança em Deus, presumindo que a minha salvação era certa para pecar com maior tranquilidade?
* Pratiquei atos de superstição ou espiritismo?

* Recebi indignamente algum sacramento?
* Frequentei ou pertenço a alguma associação contrária à religião?

SEGUNDO MANDAMENTO:
«NÃO TOMAR SEU SANTO NOME EM VÃO»

* Blasfemei contra Deus, contra os santos ou contra as coisas santas? Diante de outras pessoas? Falei sem respeito da Igreja, dos sacerdotes ou dos sacramentos?
* Fiz algum voto, promessa ou juramento, e deixei de cumpri-lo por minha culpa? Jurei sem necessidade? Jurei fazer alguma coisa injusta ou ilícita? Fiz um juramento falso? Reparei os prejuízos que daí tenham podido advir?

TERCEIRO MANDAMENTO:
«GUARDAR DOMINGOS E FESTAS»

* Faltei à Missa num domingo ou festa de guarda sem motivo suficiente? Distraí-me voluntariamente durante a Missa ou cheguei tão tarde que não cumpri o preceito?
* Trabalhei nesses dias corporalmente (ou mandei trabalhar os outros) sem necessidade grave, durante um intervalo de tempo considerável?
* Impedi que alguém que dependesse de mim, por exemplo os meus filhos, assistisse à Santa Missa?

* Guardei jejum e abstinência nos dias preceitua-
  dos pela Igreja?
* Cumpri o preceito de confessar os pecados mortais pelo menos uma vez ao ano? Recebi a Sagrada Comunhão no tempo estabelecido para cumprir com o preceito pascal? Confessei-me para
  fazê-lo em estado de graça?
* Guardei a disposição do jejum eucarístico, uma
  hora antes do momento da Comunhão?

QUARTO MANDAMENTO:
«HONRAR PAI E MÃE»

* Filhos. Desobedeci aos meus pais e superiores
  em coisas importantes? Maltratei ou ameacei
  os meus pais ou desejei-lhes algum mal? Briguei
  com os meus irmãos? Fui preguiçoso no estudo?
* *Pais*. Dei mau exemplo aos meus filhos ou subordinados, não cumprindo os meus deveres religio-
  sos, familiares, sociais ou profissionais? Deixei de
  corrigir com firmeza e prontidão os defeitos dos
  meus filhos? Ameacei-os ou maltratei-os com palavras e obras ou desejei-lhes algum mal? Deixei
  de cuidar da sua formação religiosa ou moral?
  Tolerei escândalos ou perigos morais e físicos entre pessoas que vivem na minha casa?
* *Esposos*. Zanguei-me com a minha mulher (ou
  com o meu marido)? Tratei-a(o) mal, com palavras ou com obras? Diminuí a sua autoridade,
  repreendendo-a(o), contradizendo-a(o) ou dis-
  cutindo com ela(ele) diante dos filhos?

Quinto Mandamento:
«Não matar»

* Tenho inimizade, ódio ou rancor contra alguém? Deixei de falar com alguém e neguei-me à reconciliação? Fiz ou desejei um mal grave a alguém? Alegrei-me com as desgraças alheias?
* Deixei-me levar pela ira, magoando ou humilhando os outros?
* Cheguei a ferir ou tirar a vida do próximo? Fui imprudente na condução de veículos?
* Aconselhei a alguém a prática do aborto, ou colaborei, com qualquer tipo de ajuda, na mesma?
* Desleixei a minha saúde? Atentei contra a minha vida?
* Embriaguei-me, comi ou bebi em excesso, ou tomei drogas?
* Desejei morrer, sem me submeter à Divina Providência?

Sexto e nono Mandamentos:
«Não pecar contra a castidade» e
«Não desejar a mulher do próximo»

* Alimentei imaginações e maus desejos contra a virtude da castidade, embora não os tenha posto em prática? Havia alguma circunstância na pessoa a quem se dirigiam (parentesco, matrimônio, consagração a Deus, etc.) que os tornasse mais graves?
* Tive conversas imorais? Fui eu quem as começou? Assisti a espetáculos ou filmes que me

colocaram em ocasião próxima de pecar, ou li revistas e livros eróticos?

* Descuido os pormenores de modéstia e pudor, que são garantia da castidade? Entretive-me com olhares impuros ou aceitei sensações impuras?

* Cometi alguma ação impura — masturbação ou ato sexual? Quantas vezes? Sozinho ou com outra pessoa? Do mesmo sexo ou do oposto? Havia alguma circunstância de parentesco, etc., que a tornasse especialmente grave? Essas relações tiveram alguma consequência? Fiz alguma coisa para a impedir depois de se ter formado uma nova vida?

* *Esposos*. Usei do matrimônio indevidamente? Neguei ao meu cônjuge os seus direitos? Faltei à fidelidade conjugal por pensamentos ou ações? Tomei remédios para evitar os filhos? Aconselhei os outros a tomá-los? Usei preservativos ou outros métodos antinaturais, ou fiz alguma operação para evitar filhos?

* Influí de algum modo sobre os outros — com conselhos, piadas, atitudes, etc. — para criar um clima antinatalista?

SÉTIMO E DÉCIMO MANDAMENTOS:
«NÃO FURTAR» E «NÃO COBIÇAR AS COISAS ALHEIAS»

* Roubei algum objeto ou alguma quantia em dinheiro? Reparei os prejuízos causados ou restituí as coisas roubadas, na medida das minhas

possibilidades? Retenho o alheio contra a vontade do seu dono?

* Ajudei alguém a roubar? Havia alguma circunstância agravante, como por exemplo tratar-se de um objeto sagrado? A quantia ou valor das coisas roubadas era importante? Defraudei a minha mulher (o meu marido) nos seus bens?

* Prejudiquei alguém com enganos, coações, etc. nos contratos ou relações comerciais? Reparei o prejuízo causado ou tenho intenção de fazê-lo?

* Caí no vício do jogo, pondo em risco ou prejudicando a economia familiar?

* Deixei de cumprir as obrigações do meu trabalho, faltando à justiça? Abusei da confiança dos meus superiores? Prejudiquei os meus superiores, subordinados ou colegas, causando-lhes um dano grave? Retenho ou atraso indevidamente o pagamento dos salários ou das prestações que tenha de fazer?

* Estou disposto a reparar os prejuízos que possa ter causado?

* Deixei de prestar à Igreja a ajuda conveniente? Dei esmolas de acordo com a minha posição econômica?

* Deixei-me levar pelo favoritismo ou distinção de pessoas, faltando à justiça, no desempenho dos cargos ou funções públicas?

* Deixei de cumprir com exatidão os meus deveres sociais; por exemplo, o pagamento dos seguros sociais dos meus empregados, etc.?

* Deixei de pagar os impostos que são de justiça?

* Fui omisso em procurar evitar, na medida das minhas possibilidades, as injustiças, subornos, escândalos, roubos, vinganças, fraudes e outros abusos que prejudicam a convivência social?

OITAVO MANDAMENTO:
«NÃO MENTIR»

* Disse mentiras? Reparei os prejuízos que as minhas mentiras tenham podido causar? Minto habitualmente com a desculpa de que se trata de coisas de pouca importância?
* Revelei sem motivo justo graves defeitos alheios que, embora certos, não eram conhecidos?
* Caluniei ou deixei caluniar, atribuindo ao próximo defeitos que não eram verdadeiros? Já reparei os males causados ou estou disposto a fazê-lo?
* Revelei segredos importantes dos outros, descobrindo-os sem justa causa? Reparei o prejuízo que daí resultou?
* Falei mal dos outros por frivolidade, inveja ou por ter-me deixado levar pelo temperamento?

NOTAS

(1) João Paulo II, *Discurso à Univ*, Roma, 11-IV-79; (2) João Paulo II, *Discurso aos trabalhadores*, São Paulo, 3-VII-80; (3) João Paulo II, *Discurso à Univ*, Roma, 11-IV-79; (4) cf. Santa Teresa de Jesus, *Livro da Vida*, Ed. Vozes, Petrópolis, 1961, pág. 15; (5) João Paulo II, *Homilia durante a Missa Jubilar do Ano Santo do Episcopado Italiano*, Roma, 14-IV-83; (6) João Paulo II, Exort. Apost. *Reconciliatio et paenitentia*, 1984, n. 18; (7) J. B. Torelló, *Psicanálise ou confissão?*, Aster, Lisboa, 1967, págs. 125-126; (8) João Paulo II, *Homilia*, 14-IV-1983; (9) *ib.*; (10) *Reconciliatio et Paenitentia*, 16; (11) *ib.*; (12) Paulo VI, Constituição Apostólica *Indulgentiarum Doctrina*, 1967, n. 2; (13) Josemaria Escrivá, *Caminho*, 10ª ed., Quadrante, São Paulo, 2015, n. 267; (14) cf., por exemplo, Mt 25, 41; Lc 16, 19-30; Apoc 20, 9-10; Apoc 21, 8; etc.; (15) Concílio Vaticano II, Constituição Dogmática sobre a Igreja *Lumen Gentium*, 11; (16) Josemaria Escrivá, *Caminho*, n. 309; (17) Congregação para a Doutrina da Fé, *Normas pastorais*, 16-VI-1972, item I; (18) João Paulo II, *Discurso aos membros da Assembleia Plenária da Congregação para os Sacramentos*, 17-IV-86; (19) *ib.*; (20) Josemaria Escrivá, *Caminho*, n. 575.

Direção geral
Renata Ferlin Sugai

Direção editorial
Hugo Langone

Produção editorial
Juliana Amato
Ronaldo Vasconcelos
Daniel Araújo

Capa
Provazi Design

Diagramação
Sérgio Ramalho

ESTE LIVRO ACABOU DE SE IMPRIMIR
A 21 DE AGOSTO DE 2024,
EM PAPEL OFFSET 75 g/m^2.